AI时代产品经理升级之道

ChatGPT让产品经理插上翅膀

关东升 ◎著

北京大学出版社

内 容 简 介

本书是一本面向产品经理的实用新书,分12章系统探讨如何用ChatGPT提升产品管理工作的效率和质量。第1章介绍了人工智能对产品管理的影响;第2章介绍用ChatGPT提高文档写作效率;第3章介绍用ChatGPT进行竞品和市场分析;第4章介绍用ChatGPT优化需求管理;第5章介绍用ChatGPT分析产品数据;第6章介绍用ChatGPT改进用户体验;第7章介绍用ChatGPT设计产品原型;第8章介绍用ChatGPT管理产品项目;第9章介绍用ChatGPT测试和控制产品质量;第10章介绍用ChatGPT发布和运营产品;第11章介绍用ChatGPT驱动产品创新;第12章介绍用ChatGPT维护和支持产品。

通过本书的理论和实践指导,产品经理可以在AI时代,高效利用ChatGPT全流程提升产品管理能力,从而取得更好的工作成果。本书将帮助产品经理在激烈竞争的环境中站稳脚跟,获得持续成功。

图书在版编目(CIP)数据

AI时代产品经理升级之道:ChatGPT让产品经理插上翅膀 / 关东升著. — 北京:北京大学出版社,2023.10

ISBN 978-7-301-34467-5

Ⅰ.①A… Ⅱ.①关… Ⅲ.①人工智能 – 应用 – 产品开发 Ⅳ.①F273.2-39

中国国家版本馆CIP数据核字(2023)第180274号

书　　　名	**AI时代产品经理升级之道:ChatGPT让产品经理插上翅膀** AI SHIDAI CHANPIN JINGLI SHENGJI ZHIDAO: CHATGPT RANG CHANPIN JING LI CHASHANG CHIBANG
著作责任者	关东升　著
责任编辑	王继伟　吴秀川
标准书号	ISBN 978-7-301-34467-5
出版发行	北京大学出版社
地　　　址	北京市海淀区成府路205号　100871
网　　　址	http://www.pup.cn　　新浪微博:@北京大学出版社
电子邮箱	编辑部 pup7@pup.cn　总编室 zpup@pup.cn
电　　　话	邮购部 010-62752015　发行部 010-62750672　编辑部 010-62570390
印　刷　者	大厂回族自治县彩虹印刷有限公司
经　销　者	新华书店
	787毫米×1092毫米　16开本　15印张　361千字 2023年10月第1版　2023年10月第1次印刷
印　　　数	1-4000册
定　　　价	69.00元

未经许可,不得以任何方式复制或抄袭本书之部分或全部内容。
版权所有,侵权必究
举报电话:010-62752024　电子邮箱:fd@pup.cn
图书如有印装质量问题,请与出版部联系,电话:010-62756370

前言 ▶ 变革中前行：迈向人工智能时代产品管理的新征程

人工智能时代已经来临，新的技术与业务模式层出不穷，市场环境日趋复杂动荡。作为产品的策划者与打造者，产品经理肩负更重的责任，面临更大的挑战。在这个快速变化的时代，只有不断提升与创新，才能适应环境的变化并引领产品实现突破。

在这个背景下，ChatGPT作为一款集自然语言生成与理解于一身的人工智能产品，实现了人机对话的跃迁。ChatGPT的强大功能为产品管理注入了新的活力，产生了全新的协同效应与潜在价值。将ChatGPT运用于产品管理的各个流程，不仅能减轻产品经理的工作负荷，更能重塑产品管理的模式与角色，实现从管理者向协同创新者的转变。

人工智能给产品管理带来的影响远非提升效率这么简单，它彻底改变了产品经理的思维方式与工作重心。产品经理需要理解人工智能赋予产品管理的新内涵，并熟练运用人工智能工具，特别是像ChatGPT这样强大的产品助手，借助其力量，可以发挥无限潜力。

《AI时代产品经理升级之道：ChatGPT让产品经理插上翅膀》一书正是在这样的背景下撰写的。本书旨在帮助产品经理理解人工智能与ChatGPT如何重塑产品管理，并提供实用指南，帮助产品经理掌握ChatGPT在产品管理各个环节的高效运用方法。

通过阅读本书，产品经理将获得全新的视角，洞察人工智能彻底改变产品管理的内涵与方向。产品经理还将系统学习ChatGPT在产品管理各个流程的应用方法与最佳实践。借助ChatGPT的力量，产品经理将大幅提升工作效率与产品质量，成为新时代产品管理的翘楚与领军人物。

人工智能时代产品经理的卓越之道，在于理解变革，运用工具，发挥人的创造性。本书希望能够启发产品经理，激发其在变革中不断学习与创新的动力，开启人工智能时代产品管理的崭新征程。人工智能使产品经理插上翅膀，飞向更广阔的天地。

本书附赠全书案例源代码及相关教学视频等资源，读者可扫描下方左侧二维码关注"博雅读书社"微信公众号，输入本书77页的资源下载码，即可获得本书的下载学习资源。

本书提供答疑服务，可扫描下方右侧二维码留言"北大AI"，即可进入学习交流群。

关东升

目录

第 1 章 人工智能颠覆与重塑产品管理

- 1.1 AI 对产品管理影响分析：机遇与挑战 ……… 2
- 1.2 产品经理新技能及与 ChatGPT 的最佳协作模式 …………………………………………… 3
  - 1.2.1 案例 1：ChatGPT 与产品经理在交互设计领域协作 …………………………………… 3
  - 1.2.2 案例 2：信息采集 App 产品设计 ……… 6
- 1.3 人工智能工具在产品管理中的应用现状与发展趋势 ……………………………………… 8
- 1.4 本章总结 ……………………………………… 9

第 2 章 使用 ChatGPT 辅助生成产品管理中的各种文档

- 2.1 使用 ChatGPT 生成文档模板与内容 …… 11
  - 2.1.1 设计文档模板 ……………………………… 11
  - 2.1.2 案例 1：使用 ChatGPT 辅助生成需求文档草稿 ………………………………………… 12
- 2.2 与 ChatGPT 对话的文本语言——Markdown ………………………………………… 14
  - 2.2.1 Markdown 基本语法 ……………………… 14
  - 2.2.2 使用 Markdown 工具 ……………………… 17
  - 2.2.3 案例 2：生成 Markdown 格式需求文档 …… 20
  - 2.2.4 将 Markdown 格式文档转换为 Word 文档 …………………………………………… 23
  - 2.2.5 将 Markdown 格式文档转换为 PDF 文档 …… 24
- 2.3 思维导图 ……………………………………… 25
  - 2.3.1 思维导图在产品管理中的作用 …………… 25
  - 2.3.2 产品经理与思维导图 ……………………… 26
  - 2.3.3 绘制思维导图 ……………………………… 26
  - 2.3.4 使用 ChatGPT 绘制思维导图 ……………… 28
  - 2.3.5 案例 3：生成 SocialConnect 应用程序需求文档思维导图 ………………………… 28
  - 2.3.6 案例 4：使用 Mermaid 工具绘制思维导图 …… 30
  - 2.3.7 案例 5：使用 PlantUML 工具绘制思维导图 ………………………………………… 34
- 2.4 使用表格 ……………………………………… 37
  - 2.4.1 Markdown 表格 …………………………… 38
  - 2.4.2 案例 6：使用 Markdown 制作电子产品目录表格 ………………………………………… 39
  - 2.4.3 CSV 电子表格 ……………………………… 41
  - 2.4.4 案例 7：使用 CSV 制作电子产品目录表格 …… 42
  - 2.4.5 转换为 Excel ……………………………… 44
- 2.5 使用 ChatGPT 制作图表 …………………… 44

2.5.1	无编程方法使用ChatGPT制作图表……44	2.6.2	使用ChatGPT辅助绘制鱼骨图……51
2.5.2	编程方法使用ChatGPT制作图表……47	2.6.3	案例8：在线教育产品模块结构分析……52
2.6	**鱼骨图**……50	**2.7**	**本章总结**……55
2.6.1	鱼骨图在产品管理中的应用……50		

第3章
ChatGPT辅助竞品分析与市场调研

3.1	**竞品分析**……58	3.2.3	案例4：使用ChatGPT辅助设计用户调查问卷……70
3.1.1	ChatGPT在竞品分析中的应用……59	**3.3**	**用户画像**……81
3.1.2	案例1：使用ChatGPT进行在线商业学习平台竞品分析……59	3.3.1	使用ChatGPT辅助创建用户画像……81
3.1.3	竞争分析矩阵……64	3.3.2	案例5：使用ChatGPT辅助智能旅游App用户画像……81
3.1.4	使用ChatGPT辅助制作竞争分析矩阵……65	**3.4**	**产品定位与差异化策略**……85
3.1.5	案例2：使用ChatGPT制作在线商业学习平台竞品分析矩阵……65	3.4.1	使用ChatGPT辅助产品定位与差异化策略……85
3.2	**市场调研与用户洞察**……67	3.4.2	案例6：出行App产品定位与差异化规划……86
3.2.1	使用ChatGPT辅助进行市场调研与用户洞察……68	**3.5**	**本章总结**……87
3.2.2	案例3：旅游App用户访谈……68		

第4章
ChatGPT辅助产品需求管理

4.1	**使用ChatGPT辅助收集产品需求**……89	4.2.2	案例4：使用ChatGPT制作社交媒体应用产品需求矩阵……95
4.1.1	案例1：协助运动管理App采访提问设计……90	**4.3**	**产品路线图与规划**……97
4.1.2	案例2：汇总运动管理App问卷调查结果……90	4.3.1	产品路线图……97
4.1.3	汇总问卷调查结果使用图表……91	4.3.2	使用ChatGPT辅助制作产品路线图……99
4.1.4	案例3：将运动管理App问卷调查结果绘制成饼图……91	4.3.3	案例5：使用ChatGPT制作移动社交App产品路线图1……99
4.2	**产品需求矩阵**……93	4.3.4	案例6：使用ChatGPT制作移动社交App产品路线图2……101
4.2.1	使用ChatGPT辅助制作产品需求矩阵……94		

4.3.5	案例7：使用ChatGPT制作移动社交App产品路线图3 …………… 103	4.3.7	案例8：使用ChatGPT辅助旅游网站进行产品规划 ………………… 106
4.3.6	ChatGPT辅助产品规划 ……… 105	**4.4**	**本章总结** ……………………… 107

第5章
ChatGPT辅助产品数据分析

5.1	**ChatGPT在产品数据收集与分析中的作用** ……………………… 110	5.1.7	案例5：使用ChatGPT辅助电商App制作数据可视化图表 ………… 119
5.1.1	使用ChatGPT辅助产品数据收集 …… 110	**5.2**	**使用ChatGPT进行用户行为分析与预测** ……………………… 123
5.1.2	案例1：使用ChatGPT辅助数据查询与提取 …………………… 111	5.2.1	案例6：使用ChatGPT辅助进行产品功能优化 ………………………… 123
5.1.3	案例2：使用ChatGPT辅助快速生成数据摘要 ……………………… 113	5.2.2	案例7：使用ChatGPT辅助进行新功能接受度预测 ……………………… 125
5.1.4	案例3：使用ChatGPT辅助数据质量检查 ……………………… 114	**5.3**	**ChatGPT辅助产品数据与指标驱动决策** ………………………… 126
5.1.5	使用ChatGPT辅助产品数据分析 …… 116	5.3.1	案例8：评估产品效果与运营状况 …… 127
5.1.6	案例4：使用ChatGPT辅助健康管理App制作数据可视化图表 ……… 116	5.3.2	案例9：用户留存率分析与改进决策 …… 128
		5.4	**本章总结** ……………………… 129

第6章
ChatGPT辅助用户体验设计

6.1	**用户体验设计的基本概念和重要性** …… 131	6.3.4	案例2：使用ChatGPT辅助进行用户画像分析 ……………………… 135
6.2	**ChatGPT在用户体验设计中的应用场景和优势** ………………………… 131	**6.4**	**ChatGPT在界面设计和交互设计中的应用** ……………………… 136
6.3	**利用ChatGPT进行用户研究和用户画像分析** ……………………… 132	6.4.1	案例3：使用ChatGPT辅助内容创作与分享平台用户体验设计 …… 136
6.3.1	用户研究 ……………………… 132	6.4.2	案例4：使用ChatGPT辅助K12在线学习App进行用户体验设计 …… 138
6.3.2	案例1：使用ChatGPT辅助进行用户研究 133	**6.5**	**本章总结** ……………………… 140
6.3.3	用户画像分析 …………………… 134		

第 7 章 ChatGPT 辅助产品原型设计

7.1 产品线框图 …………………… 143
7.2 产品原型 ………………………… 144
7.3 使用 ChatGPT 辅助原型设计 … 144
7.3.1 使用 ChatGPT 辅助制作移动应用原型 …… 144
7.3.2 案例 1：使用 ChatGPT 辅助制作"我的备忘录" App 原型 …………………… 145
7.3.3 使用 ChatGPT 辅助制作桌面应用原型 …… 150
7.3.4 案例 2：使用 ChatGPT 辅助制作 Todo List 原型 …………………………………… 150
7.4 本章总结 ……………………… 156

第 8 章 ChatGPT 辅助产品项目管理

8.1 使用 ChatGPT 辅助项目计划与管理 …… 158
8.1.1 项目管理工具：甘特图 …………………… 158
8.1.2 案例 1：使用 ChatGPT 辅助制作 Smart Traveler 项目计划甘特图 ………………… 160
8.1.3 使用 Mermaid 语言绘制甘特图 …………… 165
8.2 使用 ChatGPT 提高产品团队的沟通技巧与效率 ……………………………………… 167
8.2.1 案例 2：语言练习 ………………………… 168
8.2.2 案例 3：自我反省 ………………………… 168
8.2.3 案例 4：跨文化沟通 ……………………… 168
8.3 项目进展监控 ………………… 169
8.3.1 使用 ChatGPT 监测项目进度 …………… 169
8.3.2 案例 5：利用 ChatGPT 监测×××软件项目进度 …………………………………… 170
8.4 跟踪项目进度 ………………… 171
8.4.1 使用项目管理工具跟踪项目进度 ………… 172
8.4.2 使用 ChatGPT 辅助跟踪项目进度 ……… 173
8.4.3 案例 6：使用 ChatGPT 辅助跟踪×××软件项目进度 …………………………… 173
8.5 本章总结 ……………………… 174

第 9 章 ChatGPT 辅助产品测试与质量管理

9.1 测试用例 ……………………… 176
9.1.1 使用 ChatGPT 辅助生成测试用例 ……… 176
9.1.2 案例 1：使用 ChatGPT 辅助生成购物 App 测试用例 ………………………………… 177
9.2 自动化测试脚本编写 ………… 180
9.2.1 使用 ChatGPT 辅助编写自动化测试脚本 … 181
9.2.2 使用 Selenium 工具 ……………………… 181
9.2.3 案例 2：使用 ChatGPT 辅助编写 Selenium 自动化测试脚本 …………………………… 183
9.3 测试结果分析 ………………… 186

9.3.1	使用ChatGPT进行测试结果分析 …… 186	9.5	监控产品质量 …………………………… 189
9.3.2	案例3：电商平台的应用测试结果分析 …… 186	9.5.1	使用ChatGPT辅助监控产品质量 ……… 190
9.4	**检验产品质量** …………………………… 187	9.5.2	案例5：某工业产品质量监督 …………… 190
9.4.1	使用ChatGPT辅助检验产品质量 ……… 188	**9.6**	**本章总结** ……………………………… 191
9.4.2	案例4：新产品研发完成样机质量检验 …… 188		

第10章
ChatGPT辅助产品发布与运营

10.1	**产品营销** ……………………………… 194	10.2.2	案例3：Connection 应用Beta测试数据
10.1.1	使用ChatGPT生成营销内容 …………… 194		分析 …………………………………… 199
10.1.2	案例1：使用ChatGPT辅助生成新产品广告	10.2.3	案例4：Connection 应用发布后数据跟踪与
	推广 …………………………………… 194		分析 …………………………………… 201
10.1.3	使用ChatGPT辅助个性化推荐 ………… 196	10.2.4	案例5：Connection 销售数据与市场情报
10.1.4	案例2：ChatGPT辅助电商平台个性化		分析 …………………………………… 202
	推荐 …………………………………… 196	10.2.5	案例6：Connection 运营决策建议分析 …… 203
10.2	**产品数据分析与运营决策** ………………… 197	**10.3**	**本章总结** ……………………………… 205
10.2.1	ChatGPT辅助产品数据分析与运营		
	决策 …………………………………… 198		

第11章
ChatGPT辅助产品创新与演进

11.1	**ChatGPT 在产品创新与市场适应中的**	**11.2**	**使用 ChatGPT 进行产品演进与迭代**
	作用 ………………………………… 207		**改进** ………………………………… 215
11.1.1	案例1：基于ChatGPT的智能音箱产品创新与	11.2.1	案例5：利用ChatGPT对交通出行App产品
	市场适应 ……………………………… 207		BusGo进行功能升级 …………………… 216
11.1.2	案例2：基于ChatGPT的智能音箱产品用户	11.2.2	案例6：利用ChatGPT社交App产品WeTalk
	偏好分析 ……………………………… 210		改进私信功能 …………………………… 217
11.1.3	案例3：基于ChatGPT的智能音箱产品市场	**11.3**	**ChatGPT 辅助制定产品战略与探索未来**
	趋势分析 ……………………………… 212		**发展** ………………………………… 218
11.1.4	案例4：基于ChatGPT的智能音箱产品竞争	11.3.1	案例7：O2O生鲜电商平台利用ChatGPT
	对手市场份额分析 ……………………… 213		进行产品发展策略制定与新业务探索 …… 219

11.3.2 案例 8：O2O 生鲜电商平台"场外仓"业务收入分析·················· 220

11.3.3 案例 9：O2O 生鲜电商平台"社区团购"规模分析·················· 222

11.4 本章总结·················· 223

第 12 章
ChatGPT 辅助产品维护与支持

12.1 ChatGPT 在产品维护和支持中的应用···· 225

12.2 使用 ChatGPT 进行故障诊断和解决····· 226

12.2.1 案例 1：123 在线教育产品卡顿与登录失败的问题分析·················· 226

12.2.2 案例 2：使用 ChatGPT 绘制登录失败的问题分析鱼骨图·················· 228

12.3 ChatGPT 辅助用户支持和客户服务····· 229

12.4 本章总结·················· 230

第1章

人工智能颠覆与重塑产品管理

人工智能的发展日新月异，其应用已渗透到生活的各个领域。作为高科技产业的中坚力量，产品管理也无法避免被人工智能的浪潮所影响和改变。人工智能不仅可以应用到产品管理的工具和方法上，提高产品管理的效率，更可以直接参与到产品设计、开发和决策过程中，与产品经理形成完美合作。

已有的案例显示，人工智能正在颠覆和重塑产品管理的方式和过程。其可以更深入地理解用户，更准确地预测产品需求；可以自动生成产品设计方案，辅助产品设计师；可以参与产品代码的生成和测试，大大提高产品开发效率；可以持续监控产品使用数据及时发现产品问题，指导产品改进。

人工智能无疑给产品管理带来了机遇，但也带来了挑战。产品经理必须理解人工智能，熟练使用人工智能工具，并与人工智能实现顺畅协作，这将对产品经理的工作技能和方式产生重大影响。人工智能将在很大程度上重塑产品管理，产品经理必须积极拥抱这一变革。

总之，人工智能正成为产品管理发展的新引擎。拥抱人工智能，重塑产品管理，是产品经理们必须面对的一个重大课题。

1.1 AI对产品管理影响分析：机遇与挑战

人工智能给产品管理带来的影响是深远的，它既提供了提高产品管理效率和持续改进产品等机遇，又带来了角色变化和保护用户数据隐私等挑战。

1. 机遇

（1）提高产品管理效率：人工智能可以自动完成许多重复性任务，如数据收集、分析、报告生成等，大大减轻产品经理的工作负荷，提高工作效率。

（2）更深入理解用户：人工智能可以收集和分析海量用户数据，产生用户画像，预测用户需求，这有助于产品经理做出更加贴近用户的产品决策。

（3）增强产品设计与开发：人工智能可以辅助完成产品原型设计、代码生成、测试用例设计等，提高设计和开发效率，缩短产品上市时间。

（4）持续改进产品：人工智能可以监控产品使用数据，发现产品存在的问题并提出改进建议，及时反馈给产品经理，实现产品的持续优化。

2. 挑战

（1）人工智能理解与应用难度：理解人工智能技术及其应用场景和限制，需要产品经理投入大量时间和精力，学习难度系数较大。

（2）人工智能与人协作难度：人工智能可以有效辅助人，而不是替代人。实现人机协作，需要产品经理理解人工智能，并熟练使用。

（3）产品经理角色变化：人工智能的应用可能导致产品经理的某些任务被替代，这将对产品经理的工作内容和角色定位产生一定影响，产品经理需要适应这一变化。

（4）用户数据和隐私问题：人工智能依赖大量用户数据，这可能引发用户数据隐私保护等相关法规问题，需要产品经理密切关注。

总之，人工智能带给产品管理的机遇大于挑战。拥抱人工智能，重塑思维方式和工作流程，产品经理可以在人工智能时代继续发挥重要作用，甚至获取更多的竞争优势。但产品经理也需要面对一些挑战，比如理解和应用人工智能技术、与技术团队密切合作、解决数据隐私和安全问题等。然而，积极应对这些挑战，并不断学习和进步，将使产品经理能够更好地把握人工智能时代的机遇，为产品的成功和发展做出更大的贡献。因此，对于产品经理来说，将人工智能纳入工作中是至关重要的，它将为产品管理带来更广阔的发展前景和潜在的创新机遇。

1.2 产品经理新技能及与ChatGPT的最佳协作模式

要实现与ChatGPT的最佳协作，产品经理需要具备的新技能主要有以下几个方面。

（1）数据分析与驱动的思维方式。需要系统地分析用户数据与行为，来驱动产品设计与决策。

（2）敏捷开发方法论。熟练掌握敏捷开发流程，如设计思考、原型设计、迭代等。这需要产品经理与技术团队紧密沟通与协作。

（3）跨职能协作。产品经理需要与UX设计、技术开发、市场营销等不同职能部门进行协作。这需要产品经理具有较强的沟通与协作能力。

（4）未来技能。产品经理需要对人工智能、机器学习、区块链等未来技术有一定的理解，并考虑如何将其应用到产品中。

产品经理与ChatGPT的最佳协作模式如下。

（1）ChatGPT作为产品经理的知识与信息助手，能基于海量信息快速搜索与提供产品相关的信息与知识，拓宽产品经理的知识面。

（2）ChatGPT作为产品经理的创意激发器，通过与产品经理的信息交互，使产品经理产生新的产品点子与灵感。产品经理还需要发挥自己的创造力，从更宏观的角度考虑这些点子。

（3）ChatGPT作为产品经理的辅助讨论与决策支持者。在与团队的讨论与决策中，ChatGPT可以基于对历史数据与信息的分析，为产品经理提供一定的支持与建议，但最终决策权还在产品经理手中。

（4）ChatGPT不适合完全替代产品经理。因为产品经理还需要具备其他技能，如敏捷方法论、沟通能力、商业敏感度等，很多功能需要产品经理自己去发挥。

所以，最佳的协作模式是，产品经理运用自身的专业技能，并以主导者的身份来管理与驱动产品，而ChatGPT则作为知识与创意的助手，为产品经理提供支持与帮助。二者结合，才能发挥最大效力。

1.2.1 案例1：ChatGPT与产品经理在交互设计领域协作

下面给出一个案例来说明产品经理与ChatGPT一起工作完成产品设计的过程。

案例背景

某电影票务App正在进行订票流程的重新设计，目标是让67%的用户在3分钟内完成订票任务。

动手示例

产品经理 A 向 ChatGPT 发送指令如下。

我们需要设计订票 App 的交互流程。根据调研，67% 的用户希望在 3 分钟内完成一个电影票购买任务。你能基于这个目标提出一些初步的线框图思路吗？

ChatGPT 的回答如下。

好的，根据 3 分钟的交互目标，我生成了以下初步线框图方案：

1. 首页（10 秒）：展示电影海报和本周热门场次，用户点击选择电影。
2. 选片页面（15 秒）：展示影片详情和场次列表，用户选择需要的场次。
3. 选择座位（30 秒）：根据场次显示座位图，高亮可选座位和票价，用户选择座位。
4. 订单确认（20 秒）：显示选座信息和订单总价，用户检查信息确认下单。
5. 支付（30 秒）：提供支付方式选择，用户选择并进行支付。
6. 订票成功（15 秒）：显示订票详情和二维码，用户可保存或直接出票。

整个流程时长在 3 分钟以内。请检查我的方案，看是否满足需求或有需要修改的地方，我可以进行进一步优化。

产品经理 A 发送指令如下。

方案看起来不错，但选片页 15 秒太长了，用户可能会感到耐心不足。请修改为 10 秒，另外增加一个过滤条件选项可以提高效率，将订票成功页时长延长至 25 秒会更友好。

ChatGPT 的回答如下。

好的，我对线框图方案进行了修改：

1. 首页（10 秒）：展示电影海报和本周热门场次，用户点击选择电影。
2. 选片页面（10 秒）：展示影片详情和场次列表，用户选择需要的场次及添加过滤选项。
3. 选择座位（30 秒）：根据场次和过滤条件显示座位图，高亮可选座位和票价，用户选择座位。
4. 订单确认（20 秒）：显示选座信息和订单总价，用户检查信息确认下单。
5. 支付（30 秒）：提供支付方式选择，用户选择并进行支付。
6. 订票成功（25 秒）：显示订票详情和二维码，用户可保存或直接出票。

修改后的方案时长为 2 分钟 5 秒，过滤选项和延长的订票成功页时长可以提高用户体验。请再度检查，如果没有其他修改意见，我们可以确认此线框图方案以供高保真设计参考。

如果产品经理 A 不喜欢大段的文字描述，还可以让 ChatGPT 辅助绘制线框图。

第 1 章
人工智能颠覆与重塑产品管理

> 👤 **产品经理 A 向 ChatGPT 发送指令如下。**
> 帮我使用 PlantUML 工具绘制订票 App 的交互流程线框图。

有关 PlantUML 工具的内容，我们将在第 2 章详细介绍。

> 💬 **执行上述指令后，ChatGPT 回答如下。**
> 如果要使用 PlantUML 绘制订票 App 交互流程线框图，可以使用下面的代码：

```
@startuml
skinparam linetype ortho

rectangle "首页" as HomePage
rectangle "选片页面" as MovieSelection
rectangle "选择座位" as SeatSelection
rectangle "订单确认" as OrderConfirmation
rectangle "支付" as Payment
rectangle "订票成功" as BookingSuccess
rectangle "结束" as End

HomePage --> MovieSelection : 选择电影 (10 秒)
MovieSelection --> SeatSelection : 选择场次及过滤选项 (10 秒)
SeatSelection --> OrderConfirmation : 选择座位 (30 秒)
OrderConfirmation --> Payment : 检查信息确认下单 (20 秒)
Payment --> BookingSuccess : 选择支付方式并支付 (30 秒)
@startuml
skinparam linetype ortho

rectangle "首页" as HomePage
rectangle "选片页面" as MovieSelection
rectangle "选择座位" as SeatSelection
rectangle "订单确认" as OrderConfirmation
rectangle "支付" as Payment
rectangle "订票成功" as BookingSuccess

HomePage --> MovieSelection : 选择电影 (10 秒)
MovieSelection --> SeatSelection : 选择场次及过滤选项 (10 秒)
SeatSelection --> OrderConfirmation : 选择座位 (30 秒)
OrderConfirmation --> Payment : 检查信息确认下单 (20 秒)
Payment --> BookingSuccess : 选择支付方式并支付 (30 秒)
```

使用 PlantUML 工具渲染上述 PlantUML 代码，可获得如图 1-1 所示的线框图。

从上述案例可知产品经理如何利用ChatGPT完成订票App的交互流程设计。

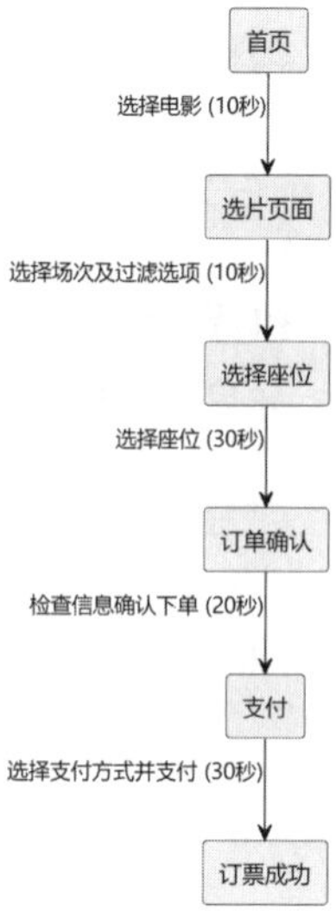

1.2.2 案例2：信息采集App产品设计

下面再给出一个案例来说明产品经理与ChatGPT一起工作的过程。

案例背景

产品经理Jane所在的公司是一个数据服务提供商，他们计划推出一个信息采集类App，帮助用户采集和管理不同种类的信息，以满足用户的个人信息管理需求。在业界调研和用户访问后，Jane认为信息采集App需要提供三大类别的信息采集功能，具体如下。

（1）新闻采集：用户可以采集感兴趣的新闻信息，提供订阅和定期推送功能。

（2）数据采集：用户可以采集各类生产与生活的数据，如健康数据、财务数据等，进行记录、分析与管理。

（3）内容采集：用户可以采集感兴趣的各类文章、视频、图片等内容，进行收藏与分享。

因此，Jane构思的产品设计思路便围绕这三大信息采集需求展开。她想使用思维导图来组织设计思路，明确各信息采集功能的细分与关联。这也是为什么这个思维导图以"用户分类"为中心，并且区分为新闻采集、数据采集和内容采集三大分支。

图1-1 线框图

动手示例

Jane提供了她的采集App构思的文字，描述如下。

1. 新闻采集

1.1 用户可以订阅感兴趣的新闻类别，并接收定期推送的新闻更新。

1.2 用户可以浏览各类新闻文章，并将其保存在个人收藏夹中。

2. 数据采集

2.1 用户可以记录和跟踪各类生产和生活数据，如健康指标、财务信息等。

2.2 用户可以创建自定义的数据输入表单，以便输入和管理相关数据，并查看数据的统计和趋势分析。

3. 内容采集

3.1 用户可以收集感兴趣的各类文章、视频、图片等内容，并进行标记和分类。

3.2 用户可以创建个人的内容收藏夹，并与其他用户分享自己的收藏。

Jane希望通过这个采集App，满足用户对于不同类型信息采集和个人信息管理的需求，提供方便、可定制和安全的信息采集体验。

Jane让ChatGPT帮助生成思维导图。

第1章 人工智能颠覆与重塑产品管理

> **Jane 向 ChatGPT 发送指令如下。**
>
> 根据如下采集 App 设计思路文字描述,帮我绘制思维导图,返回 Markdown 代码。
> 1. 新闻采集
> 1.1 用户可以订阅感兴趣的新闻类别,并接收定期推送的新闻更新。
> 1.2 用户可以浏览各类新闻文章,并将其保存在个人收藏夹中。
> 2. 数据采集
> 2.1 用户可以记录和跟踪各类生产和生活数据,如健康指标、财务信息等。
> 2.2 用户可以创建自定义的数据输入表单,以便输入和管理相关数据,并查看数据的统计和趋势分析。
> 3. 内容采集
> 3.1 用户可以收集感兴趣的各类文章、视频、图片等内容,并进行标记和分类。
> 3.2 用户可以创建个人的内容收藏夹,并与其他用户分享自己的收藏。

> **执行上述指令后,ChatGPT 回答如下。**
>
> 以下是产品经理 Jane 构思的信息采集 App 产品设计思维导图的 Markdown 代码示例:
>
> ```
> # 采集 App 产品设计思维导图
> ## 用户需求
> - 快速采集和记录各种信息
> - 灵活的信息分类和组织方式
> - 方便的编辑和更新已采集的信息
> - 实时同步和备份数据
> - 多平台和设备访问支持
>
> ## 主要功能
> - 创建和管理项目
>   - 新建项目
>   - 编辑项目名称和描述
>   - 删除项目
> - 添加和编辑信息
>   - 添加信息条目
>   - 编辑信息标题和内容
>   - 删除信息条目
> - 分类和标签
>   - 创建和管理分类
>   - 为信息条目添加分类和标签
> - 搜索和过滤
>   - 搜索关键词
>   - 根据分类和标签进行过滤
> ```

- 导入和导出
- 导入数据
- 导出数据为文件格式（如CSV、JSON）
- 同步和备份
- 实时同步数据
- 自动备份数据

用户界面
- 简洁的用户界面设计
- 易于导航和操作
- 清晰的信息展示和编辑界面
- 支持自定义主题和布局

数据安全与隐私
- 加密用户数据
- 数据备份和恢复功能
- 隐私保护措施

将上述Markdown代码导入Xmind工具生成思维导图，如图1-2所示。

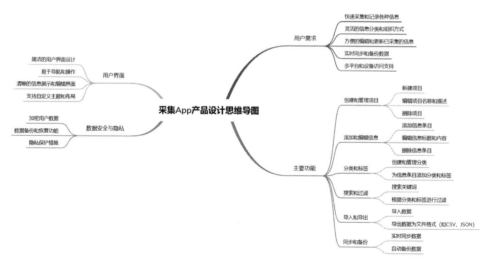

图1-2 采集App产品设计思维导图

有关Markdown代码，以及将Markdown代码导入Xmind并生成思维导图的过程，将在第2章详细介绍，这里不再赘述。

1.3 人工智能工具在产品管理中的应用现状与发展趋势

人工智能在产品管理领域中的应用正在蓬勃发展，目前主要表现在以下几个方面。

（1）需求分析与管理：借助人工智能技术自动分析用户反馈与需求，生成需求报告与产品规划建议。未来人工智能可更加深入分析用户语境与兴趣，进行差异化需求理解。

（2）产品数据分析：人工智能可以自动分析产品使用数据与业务指标，检测产品问题，发现增长机会，并推动数据驱动的产品优化。未来的人工智能产品分析将更加准确与个性化。

（3）竞品分析：人工智能可以持续自动跟踪竞品产品的更新，分析其最新功能与用户反馈，发现竞品与自己产品的差异化卖点。未来可以实现基于个性化用户兴趣的差异化竞品分析。

（4）产品设计：人工智能可以辅助产品经理进行信息架构设计、界面原型设计等。未来产品设计过程中会有更多人工智能设计辅助工具，包括定制化产品方案推荐等。

（5）产品运营：人工智能正在被用于推送个性化内容、检测运营问题、生成运营报告与建议等方面，未来产品运营过程将更加自动化与智能化。

总体来说，人工智能在提高产品管理效率、推动产品和运营的智能优化等方面发挥着越来越重要的作用。

未来，人工智能将贯穿整个产品生命周期，实现从需求管理到运营的智能协助和差异化体验。产品经理也需要不断提高自身的人工智能与数据思维，以更好地管理新一代智能产品。人工智能的发展为产品管理带来许多新机遇与挑战，产品经理应及早熟悉人工智能相关知识与工具，积极拥抱人工智能，并推动企业级产品战略与管理体系的智能升级。

1.4 本章总结

本章主要介绍了人工智能对产品管理的颠覆与重塑。首先，分析了人工智能对产品管理的影响，并讨论了其中的机遇与挑战。人工智能为产品管理带来了许多机遇，同时也带来了一些挑战，如对数据隐私和安全性问题的关注。

接着，探讨了产品经理在人工智能时代需要掌握的新技能，并介绍了与ChatGPT的最佳协作模式。通过与ChatGPT的协作，产品经理能够借助其智能能力，为交互设计和信息采集App产品设计提供有益的建议和支持。这种协作模式使得产品经理能够更好地满足用户需求，提升产品质量和用户体验。

此外，还讨论了人工智能工具在产品管理中的应用现状与发展趋势。人工智能工具在市场调研、用户分析和产品推荐等领域已经得到广泛应用，随着技术的进步，人工智能工具将继续发展，为产品管理提供更多创新和竞争优势。

综上，本章通过介绍人工智能对产品管理的影响、产品经理与ChatGPT的最佳协作模式及人工智能工具在产品管理中的应用现状与发展趋势，展示了人工智能如何改变产品管理的方式。随着人工智能技术的不断演进，产品管理将继续受到人工智能的重要影响，为企业提供更高效、智能的产品管理服务。

第 2 章

使用 ChatGPT 辅助生成产品管理中的各种文档

在产品管理的过程中,需要创建和维护各种文档来记录和传达产品信息,与团队和利益相关者进行沟通。常见的文档包括以下几种。

(1)需求文档:记录产品需求和功能规格,描述产品的核心功能、用户需求、用户故事、用例等。

(2)产品设计文档:描述产品的用户界面设计、交互设计、信息架构等,包括界面原型、流程图、线框图等。

(3)竞争分析文档:分析竞争对手的产品特点、优势和劣势,为产品定位和差异化提供参考。

(4)市场调研报告:对目标市场进行调研,分析市场需求、用户群体、市场趋势等,为产品定位和市场营销提供依据。

(5)用户反馈文档:记录用户的反馈和意见,包括用户调研报告、用户测试报告、用户反馈收集和整理等。

(6)产品发布文档:描述产品的发布计划、发布策略、上线准备工作等,包括发布公告、版本更新说明等。

(7)产品文档:包括用户手册、操作指南、API文档等,用于向用户、开发者和技术支持人员提供产品相关信息。

这些文档在产品管理过程中扮演着重要角色,帮助团队成员理解产品需求、任务和进度,协调沟通,并作为产品的参考和记录。具体的文档类型和内容会根据产品类型、组织需求和开发方法的不同而有所差异。

将ChatGPT作为辅助工具,可以帮助产品经理更高效地生成这些文档,提升工作效率和质量。

2.1 使用ChatGPT生成文档模板与内容

产品经理需要编写的技术文档有多种形式,包括Word、Excel、PDF及一些在线形式。借助ChatGPT可以生成文本,然而,它不能直接生成Word、Excel、PDF等格式的文档。因此,可以利用其他工具来帮助生成一些模板,并在工作中使用这些模板。由产品经理采用半自动的方式来编写技术文档,可以大大提高工作效率。

2.1.1 设计文档模板

使用Office工具设计文档模板的具体实施步骤如下。

(1)确定文档类型:选择Word文档、Excel表格或PowerPoint幻灯片等,根据技术文档的规范和内容需求进行选择。

(2)设定页面大小与边距:根据公司的文档标准或个人习惯设置页面大小、边距等页面布局。

(3)设定标题样式:系统地为不同级别的标题设定字体、字号、加粗等格式,建立标题样式库。

(4)设置目录与书签:利用Word的目录与书签功能,设定文档的目录结构,为各章节和标题生成超链接，方便查阅。

（5）制作封面与页眉：添加封面、页眉和页脚，实现文档的标准化。页眉和页脚也常包括文件名、创建日期等信息。

（6）插入表格与图表：根据文档的要求，在相应位置插入表格、图片、图表、公式等，并提供说明与注释。

（7）添加占位符：在需要ChatGPT提供内容的位置，插入文字占位符或内容提示，指示ChatGPT需要生成的具体内容。

（8）另存为文档模板：将设计完成的文档保存为模板文件，日后在编写新文档时可直接从模板开始，提高效率。

（9）反复检验与优化：在编写初稿过程中，检验文档模板的适用性，根据需求对标题、布局、样式等进行优化，不断改进。

通过上述实施步骤，可以设计出一套切实可用的技术文档模板。模板的精细程度直接影响ChatGPT的内容生成效果及人工整合的难易度。理想情况下，人工只需要对ChatGPT生成的文本进行轻微调整，便可直接嵌入模板，能够大大减少工作量。

2.1.2　案例1：使用ChatGPT辅助生成需求文档草稿

需求文档是记录产品需求和功能规格的重要文档。产品经理可以与ChatGPT进行对话，描述产品需求并获取生成的需求文档草稿。ChatGPT可以提供创意和补充思路，帮助产品经理更全面地表达需求和细化功能。

下面我们通过一个案例介绍一下如何借助ChatGPT生成需求文档草稿。

案例背景

SocialConnect是一款社交媒体应用程序，旨在为用户提供全面而便捷的社交体验。在当今数字化时代，社交媒体成为人们分享生活、连接他人和获取信息的重要平台之一。SocialConnect应运而生，旨在为用户打造一款集合多种社交功能的应用，满足用户的社交需求并提供丰富的互动体验。

SocialConnect的开发背景源于社交媒体使用频次的不断增长和用户需求的变化。许多人在社交媒体上分享生活瞬间、与朋友互动、发现新的兴趣爱好和参与社群活动。然而，现有的社交媒体平台可能存在一些限制和不足，例如隐私泄露问题、信息过载、平台间互操作性不佳等。因此，SocialConnect旨在解决这些问题，并提供更加个性化、安全可靠的社交媒体体验。

通过SocialConnect，用户可以创建个人资料、发布动态、关注好友和感兴趣的话题，参与社交群组和活动，私信交流，发现热门内容等。SocialConnect致力于提供用户友好的界面设计、智能推荐和个性化定制功能，以满足不同用户的需求和喜好。同时，SocialConnect注重用户隐私保护和数据安全，为用户提供安全可靠的社交环境。

第 2 章
使用 ChatGPT 辅助生成产品管理中的各种文档

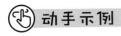

> 首先，我们向 ChatGPT 发送如下请求消息。
>
> 案例背景如下，请帮我生成需求文档草稿：
> SocialConnect 是一款社交媒体应用程序，旨在为用户提供全面而便捷的社交体验。在当今数字化时代，社交媒体成为人们分享生活、连接他人和获取信息的重要平台之一。SocialConnect 应运而生，旨在为用户打造一款集合多种社交功能的应用，满足用户的社交需求并提供丰富的互动体验。
>
> SocialConnect 的开发背景源于社交媒体使用频次的不断增长和用户需求的变化。许多人在社交媒体上分享生活瞬间、与朋友互动、发现新的兴趣爱好和参与社群活动。然而，现有的社交媒体平台可能存在一些限制和不足，例如隐私泄露问题、信息过载、平台间互操作性不佳等。因此，SocialConnect 旨在解决这些问题，并提供更加个性化、安全可靠的社交媒体体验。
>
> 通过 SocialConnect，用户可以创建个人资料、发布动态、关注好友和感兴趣的话题，参与社交群组和活动，私信交流，发现热门内容等。SocialConnect 致力于提供用户友好的界面设计、智能推荐和个性化定制功能，以满足不同用户的需求和喜好。同时，SocialConnect 注重用户隐私保护和数据安全，为用户提供安全可靠的社交环境。

ChatGPT 的回答如下。

需求文档草稿 - SocialConnect 应用程序

1. 项目名称和简介：
- 项目名称：SocialConnect。
- 简介：SocialConnect 是一款社交媒体应用程序，旨在为用户提供全面而便捷的社交体验，满足用户的社交需求并提供丰富的互动体验。

2. 项目背景：
- 随着数字化时代的发展，社交媒体成为人们分享生活、连接他人和获取信息的重要平台之一。SocialConnect 应运而生，旨在解决现有社交媒体平台的限制和不足，提供更个性化、安全可靠的社交媒体体验。

3. 目标用户：
- 目标用户群体包括各个年龄段和职业的人群，特别是那些热衷于社交互动、分享生活和发现新兴趣的用户。

4. 功能需求：
- 用户注册和登录功能，以创建个人账户并访问应用程序。
- 用户个人资料管理，包括头像、个人信息和隐私设置。

13

- 发布动态和分享内容，如文字、照片、视频和链接。
- 添加好友和建立社交关系，让用户能够关注和互动。
- 加入兴趣群组和参与社交活动，与志同道合的人交流。
- 私信交流和群组聊天功能，让用户能够与好友或群组进行实时对话。
- 探索热门内容和推荐功能，帮助用户发现感兴趣的内容和人脉。
- 通知和提醒功能及时通知用户有关新消息、好友请求和活动更新等重要信息。

5. 非功能需求：
- 用户界面设计应简洁、直观且易于使用。
- 应用程序响应速度快，保证用户流畅的交互体验。
- 数据安全性和隐私保护是关键，用户的个人信息和内容应受到严格保护。
- 应用程序应在不同平台和设备上具有良好的兼容性和可访问性。

6. 用户界面设计：
- 用户界面应具有现代化的外观和直观的导航结构。
- 使用清晰的图标、标签和按钮，以便用户能够轻松理解和操作应用程序。
- 考虑不同设备的屏幕尺寸和分辨率，确保界面在各种设备上呈现良好。

上述需求文档草稿仅提供了基本的项目背景，产品经理需要根据实际情况进行相应修改与补充。

2.2 与ChatGPT对话的文本语言——Markdown

在之前的学习中，我们了解到 ChatGPT 只能够返回文本，不能够直接生成 Word、Excel、PDF 等文档。我们可以让 ChatGPT 返回 Markdown 代码，利用 Markdown 编辑器或转换器将其转换成所需格式的文档。

2.2.1 Markdown基本语法

Markdown是一种轻量级标记语言，用于以简单、易读的格式编写文本并将其转换为HTML或其他格式。借助一些工具，可以将Markdown文档转换成为Word或PDF等格式文件。

以下是Markdown语法表。

1. 标题

Markdown使用"#"来表示标题的级别，Markdown语法中提供了六级标题（"#"一级标题到"######"六级标题），通过多个"#"的嵌套来区别。注意"#"后面要有个空格，然后才是标题内容。示例代码如下。

```
# 一级标题
## 二级标题
### 三级标题
#### 四级标题
##### 五级标题
###### 六级标题
```

上述 Markdown 代码，使用预览工具查看时，会看到如图 2-1 所示的效果。

图 2-1　Markdown 预览效果（一）

2. 列表

无序列表可以使用"-"或"*"，有序列表则使用数字加"."，注意"-"或"*"后面也要有个空格，示例代码如下。

```
- 无序列表项 1
- 无序列表项 2
- 无序列表项 3

1. 有序列表项 1
2. 有序列表项 2
3. 有序列表项 3
```

上述 Markdown 代码，使用预览工具查看时，会看到如图 2-2 所示的效果。

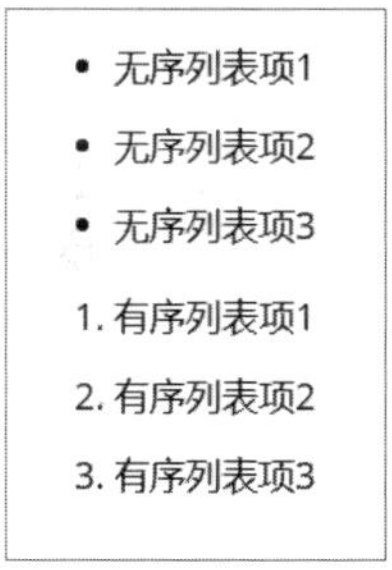

图 2-2　Markdown 预览效果（二）

3. 引用

使用 ">" 符号表示引用，注意 ">" 后面也要有一个空格，示例代码如下。

```
> 这是一段引用文本。
> 这是一段引用文本。
> 这是一段引用文本。
> 这是一段引用文本。
```

上述 Markdown 代码，使用预览工具查看时，会看到如图 2-3 所示的效果。

图 2-3　Markdown 预览效果（三）

4. 粗体和斜体

使用 "**" 包围文本来表示粗体，使用 "*" 包围文本来表示斜体，注意 "**" 或 "*" 后面也要有个空格，示例代码如下。

```
这是 ** 粗体 ** 文本，这是 * 斜体 * 文本。
```

上述 Markdown 代码，使用预览工具查看时，会看到如图 2-4 所示的效果。

这是**粗体**文本，这是*斜体*文本。

图 2-4　Markdown 预览效果（四）

5. 图片

Markdown 图片语法如下。

```
![图片 alt](图片链接 "图片 title")
```

示例代码如下。

```
![AI 生成图片](./images/deepmind-mbq0qL3ynMs-unsplash.jpg "这是AI生成的图片。")
```

上述 Markdown 代码，使用预览工具查看时，会看到如图 2-5 所示的效果。

图 2-5　Markdown 预览效果（五）

6. 代码块

使用三个反引号（```）将代码块括起来，并在第一行后面添加代码语言名称，示例代码如下。

```python
import re

def calculate_word_frequency(text):
    words = re.findall(r'\b\w+\b', text.lower())
    word_counts = dict()
    for word in words:
        if word in word_counts:
```

```
        word_counts[word] += 1
    else:
        word_counts[word] = 1

top_10 = sorted(word_counts.items(), key=lambda x: x[1], reverse=True)[:
10]
return top_10
```

> **注意**
> 在三个反引号(`)后面可以指定具体代码语言，如示例代码中"python"指定这个代码是Python代码，它的好处是键字高亮显示。

上述Markdown代码，使用预览工具查看时，会看到如图2-6所示的效果。

```
1   import re
2
3   def calculate_word_frequency(text):
4       words = re.findall(r'\b\w+\b', text.lower())
5       word_counts = dict()
6       for word in words:
7           if word in word_counts:
8               word_counts[word] += 1
9           else:
10              word_counts[word] = 1
11
12      top_10 = sorted(word_counts.items(), key=lambda x: x[1], reverse=True)[:10]
13      return top_10
```

图 2-6　Markdown 预览效果（六）

上面介绍的是 Markdown 的基本语法。这些语法已经足够我们完成一些常见的工作了。如果您有特殊需求，可以自行学习其他的 Markdown 语法。

2.2.2　使用Markdown工具

工欲善其事，必先利其器。编写Markdown写代码时，需要借助好的Markdown工具。

Markdown工具是指专门用来编辑和预览Markdown文件的软件，如VS Code、Typora、Mark Text等。常见的Markdown工具有以下几种。

（1）Visual Studio Code：简称VS Code，它是一款免费开源的代码编辑器，它对Markdown语法有很好的支持功能。我们可以安装Markdown相关扩展（插件），实现文件预览、emoji自动替换、PDF导出等功能。VS Code是当前非常流行的Markdown编辑工具。

（2）Typora：这是一款简洁大方的Markdown编辑器，其界面的简洁美观与平滑流畅让人陶醉。我们可以实时预览、插入图片、表情符号、TOC等，用起来非常顺手，是许多人首选的Markdown写作工具。

（3）Mark Text：这是一款开源的Markdown编辑器，界面简洁，功能强大，支持实时预览、编辑模式切换、插件扩展等。屏蔽了各种复杂设置，专注于文字与思维，是Markdown写作的不错选择。

（4）Ulysses：这是一款专业的写作软件，可以方便编辑Markdown和其他格式的文稿，提供丰富的导出选项。功能强大，界面简洁大方，具有较高的专业性，适合严肃写作。不过收费较贵，可能不适合所有用户。

（5）iA Writer：这是一款专注于文字写作的软件，简洁的界面和强大的Markdown支持功能令它深受喜爱。可以高度定制主题和字体，专注于文字本身，可以提升写作体验和效率。但整体功能相对简单，可能不能满足某些用户的全部需求。

以上是几款的主流Markdown编辑工具，我们可以根据个人需求和喜好，选择一款简洁而功能强大的工具，来高效编辑Markdown文档。结合ChatGPT，可以进一步减少我们的工作量，提升知识创作的效率与质量。考虑到免费版及版权问题，笔者推荐使用VS Code编辑Markdown文档。

下载VS Code的网站页面如图2-7所示。

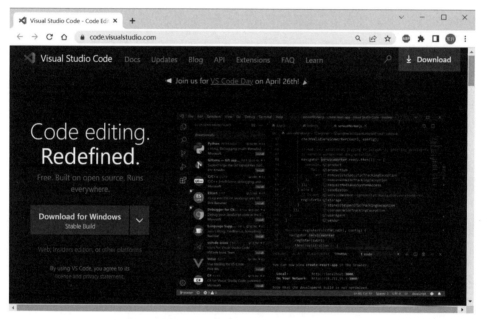

图2-7　下载VS Code的网站

读者可以选择单击"Download for Windows"按钮下载基于Windows版本的VS Code安装软件，也可以选择其他操作系统并进行下载。下载完成之后，双击"安装文件"就可以安装了，安装过程不再赘述。

为了在VS Code中更好编写和预览Markdown文档，需要在VS Code中安装一些扩展。这些需要安装的扩展如下。

- Markdown All in One：提供诸多Markdown语法的快捷键和功能，如格式化、预览、表格生成等，使Markdown的编写更加高效。
- Markdown Preview Enhanced：提供更丰富的Markdown预览功能，支持数学公式、Mermaid图表、代码块高亮等，可以将Markdown文件转换为HTML、PDF、PNG等格式的文档。

第 2 章 使用 ChatGPT 辅助生成产品管理中的各种文档

- Markdownlint：提供 Markdown 语法检查功能，可以在编写过程中发现并修复常见的 Markdown 语法错误。

以上是一些常用的 Markdown 扩展，读者可以根据自己的需求进行选择和安装。

在 VS Code 中安装扩展的步骤如图 2-8 所示。

图 2-8　安装 VS Code 扩展

上述示例只介绍了 Markdown All in One 扩展的安装，其他的扩展读者可以自己安装，这里不再赘述。

在 VS Code 中创建文本文件，然后把文件保存为 ".md" 文件就可以了。在 VS Code 中编写和预览 Markdown 文件，如图 2-9 所示。

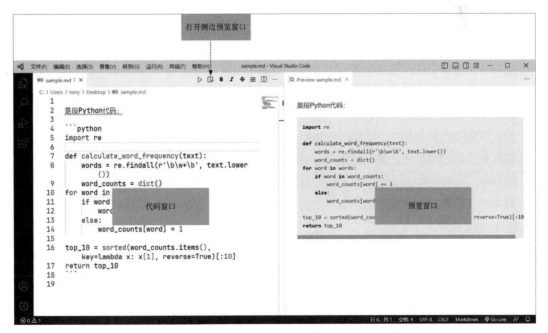

图 2-9　在 VS Code 中编写和预览 Markdown 文件

19

2.2.3 案例2：生成Markdown格式需求文档

安装好Markdown工具后，我们就可以通过一个案例来熟悉一下如何用ChatGPT生成Markdown格式文档。

 动手示例

> 🧑 **我们向ChatGPT发送如下请求消息。**
> 有如下需求文档，帮我返回Markdown代码格式文档。
> 需求文档草稿 - SocialConnect 应用程序
> 1. 项目名称和简介：
> 项目名称：SocialConnect。
> 简介：SocialConnect是一款社交媒体应用程序，旨在为用户提供全面而便捷的社交体验，满足用户的社交需求并提供丰富的互动体验。
> 2. 项目背景：
> 随着数字化时代的发展，社交媒体成为人们分享生活、连接他人和获取信息的重要平台之一。SocialConnect应运而生，旨在解决现有社交媒体平台的限制和不足，提供更个性化、安全可靠的社交媒体体验。
> 3. 目标用户：
> 目标用户群体包括各个年龄段和职业的人群，特别是那些热衷于社交互动、分享生活和发现新兴趣的用户。
> 4. 功能需求：
> 用户注册和登录功能，以创建个人账户并访问应用程序。
> 用户个人资料管理，包括头像、个人信息和隐私设置。
> 发布动态和分享内容，如文字、照片、视频和链接。
> 添加好友和建立社交关系，让用户能够关注和互动。
> 加入兴趣群组和参与社交活动，与志同道合的人交流。
> 私信交流和群组聊天功能，让用户能够与好友或群组进行实时对话。
> 探索热门内容和推荐功能，帮助用户发现感兴趣的内容和人脉。
> 通知和提醒功能及时通知用户有关新消息、好友请求和活动更新等重要信息。
> 5. 非功能需求：
> 用户界面设计应简洁、直观且易于使用。
> 应用程序响应速度快，保证用户流畅的交互体验。
> 数据安全性和隐私保护是关键，用户的个人信息和内容应受到严格保护。
> 应用程序应在不同平台和设备上具有良好的兼容性和可访问性。

6. 用户界面设计：
用户界面应具有现代化的外观和直观的导航结构。
使用清晰的图标、标签和按钮，以便用户能够轻松理解和操作应用程序。
考虑不同设备的屏幕尺寸和分辨率，确保界面在各种设备上呈现良好。

ChatGPT 的回答如下。

以下是 SocialConnect 应用程序的需求文档的 Markdown 格式：
SocialConnect 应用程序需求文档

1. 项目名称和简介
- 项目名称：`SocialConnect`。
- 简介：`SocialConnect` 是一款社交媒体应用程序，旨在为用户提供全面而便捷的社交体验，满足用户的社交需求并提供丰富的互动体验。

2. 项目背景
随着数字化时代的发展，社交媒体成为人们分享生活、连接他人和获取信息的重要平台之一。`SocialConnect` 应运而生，旨在解决现有社交媒体平台的限制和不足，提供更个性化、安全可靠的社交媒体体验。

3. 目标用户
目标用户群体包括各个年龄段和职业的人群，特别是那些热衷于社交互动、分享生活和发现新兴趣的用户。

4. 功能需求
- 用户注册和登录功能，以创建个人账户并访问应用程序。
- 用户个人资料管理，包括头像、个人信息和隐私设置。
- 发布动态和分享内容，如文字、照片、视频和链接。
- 添加好友和建立社交关系，让用户能够关注和互动。
- 加入兴趣群组和参与社交活动，与志同道合的人交流。
- 私信交流和群组聊天功能，让用户能够与好友或群组进行实时对话。
- 探索热门内容和推荐功能，帮助用户发现感兴趣的内容和人脉。
- 通知和提醒功能及时通知用户有关新消息、好友请求和活动更新等重要信息。

5. 非功能需求
- 用户界面设计应简洁、直观且易于使用。
- 应用程序响应速度快，保证用户流畅的交互体验。
- 数据安全性和隐私保护是关键，用户的个人信息和内容应受到严格保护。
- 应用程序应在不同平台和设备上具有良好的兼容性和可访问性。

6. 用户界面设计
- 用户界面应具有现代化的外观和直观的导航结构。

- 使用清晰的图标、标签和按钮，以便用户能够轻松理解和操作应用程序。
- 考虑不同设备的屏幕尺寸和分辨率，确保界面在各种设备上呈现良好。

这里是SocialConnect应用程序需求文档（Markdown格式）：

项目章程：CRM客户关系管理系统升级项目

1. 项目概述

1.1 项目名称

CRM系统版本升级项目

1.2 项目目的

升级当前CRM系统至最新版本，提高客户数据分析与服务能力

1.3 项目范围

升级CRM系统软硬件环境，优化客户信息管理与业务流程功能

1.4 项目发起方

市场部

2. 项目目标

2.1 具体目标

在2023年9月30日前完成CRM系统版本升级与功能优化工作

2.2 关键成功因素

升级工作顺利完成，新版本CRM系统稳定运行，实现客户服务效率提高30%以上

3. 项目进度安排

3.1 项目启动与计划：2023年5月1日至15日

3.2 需求调研与确认：2023年5月15日至6月15日

3.3 软硬件环境部署：2023年6月15日至7月31日

3.4 功能模块开发：2023年8月1日至9月15日

3.5 模块测试：2023年9月15日至9月25日

3.6 新系统培训与上线：2023年9月25日至30日

3.7 项目收尾与总结：2023年10月15日

4. 项目组织机构

4.1 项目负责人

市场部副主任

4.2 项目团队

10人（开发6人、测试2人、运维2人）

5. 项目资源需求

5.1 人力资源

项目负责人1名、项目团队10名

5.2 财务资源

软硬件采购及培训费用80万元

5.3 技术资源

开发工具、云服务等

6. 项目监督与评价

6.1 项目进展检查

每周召开项目会议，检查任务进度与效果

6.2 项目改进

根据上线后的 2~3 个月使用评估报告，提出系统改进方案
6.3 项目效益评估
上线 6 个月后，开展项目效益评估，为后续规划提供依据

复制上述代码，保存为"SocialConnect 应用程序需求文档.md"文件，然后在 VS Code 中预览，如图 2-10 所示。

图 2-10　在 VS Code 中编写和预览 SocialConnect 应用程序需求文档

2.2.4　将Markdown格式文档转换为Word文档

有时候我们需要将 Markdown 格式文档转换为 Word 文档，可以使用一些工具或服务来实现，其中一个可选项是使用 Pandoc 软件。下载 Pandoc 软件的官网页面，如图 2-11 所示。

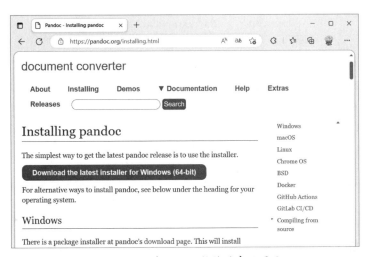

图 2-11　下载 Pandoc 软件的官网页面

在该网站读者可以下载相关操作系统对应的 Pandoc 软件，下载完成就可以安装了，安装时需

确保已经将其添加到系统路径中。

安装完成后，通过在终端或命令行界面输入以下命令，即可将Markdown文件转换为Word文档。

```
pandoc input.md -o output.docx
```

其中，"input.md"是指要转换的Markdown文件名，"output.docx"是指生成的Word文档的名称。

除了Pandoc之外，还有其他一些工具和服务可以实现此功能，例如在线Markdown转换器、VS Code扩展程序等。读者可以根据自己的需求选择适合自己的工具或服务。

将"SocialConnect应用程序需求文档.md"文件转换为"SocialConnect应用程序需求文档.docx"，指令如图2-12所示。

图2-12　转换SocialConnect应用程序需求文档的指令

转换成功后会看到在当前目录下生成"SocialConnect应用程序需求文档.docx"文件，打开该文件如图2-13所示。

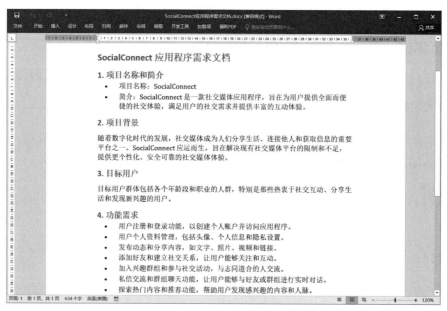

图2-13　转换成功的SocialConnect应用程序需求文档.docx

2.2.5　将Markdown格式文档转换为PDF文档

要将Markdown格式的文档转换为PDF文档，我们可以使用Pandoc或Typora等工具。在笔者看来，这些工具都有些麻烦，大家也可以使用 Word 将其转成 PDF 文档。

读者可以使用 2.2.4 小节生成的 Word 文件，将其输出为 PDF 文件。具体步骤：打开 Word 文件后，通过单击菜单"文件"→"导出"，弹出如图 2-14 所示的对话框，然后按照图 2-14 所示步骤操作即可导出 PDF 文件。

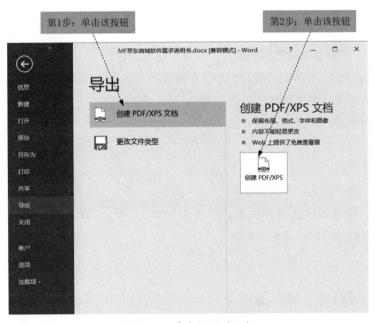

图 2-14　导出 PDF 对话框

2.3　思维导图

思维导图是一种用于组织和表示概念及其关系的图表工具。它由一个中心主题发散出相关的分支主题，层层递进，直观地呈现思路和逻辑关系。

2.3.1　思维导图在产品管理中的作用

思维导图在产品管理中起着重要的作用。它是一种图形化的工具，能够帮助产品经理整理和组织复杂的信息，展现产品的结构和关系，以及辅助决策和沟通。

以下是思维导图在产品管理中的几个重要作用。

（1）组织思路和梳理需求：思维导图可以帮助产品经理将大量的想法和需求整理成结构清晰的树状图。通过将不同的需求、功能和任务归类并连接起来，产品经理能够更好地理解产品的整体架构和关键要素。

（2）可视化产品规划：思维导图可以将产品的各个模块、功能和流程以图形化的方式展示出来。这有助于产品经理和团队成员更好地理解产品的组成部分和各个环节，从而更好地进行产品规划和设计。

（3）发现问题和解决方案：通过思维导图，产品经理可以快速发现产品中的问题和面临的挑战，并探索可能的解决方案。思维导图的分支和关联结构可以帮助产品经理进行头脑风暴，激发创新思维，并找到最佳的解决方案。

（4）沟通和共享：思维导图是一种简洁而直观的工具，能够清晰地传达产品的信息和想法。产品经理可以将思维导图用于内部沟通和团队协作，将复杂的概念和计划以可视化的方式呈现给团队成员和利益相关者，以便更好地理解和参与产品开发过程。

（5）追踪和管理进度：在产品开发过程中，思维导图可以作为产品路线图和计划的可视化工具。产品经理可以使用思维导图来跟踪项目进展、标记里程碑和任务，以及更新和调整产品计划。

总之，思维导图在产品管理中提供了一种直观、结构化和可视化的方式来组织和管理产品信息，促进团队协作和决策，并帮助产品经理更好地理解、规划和推进产品的发展。

2.3.2 产品经理与思维导图

思维导图在产品经理的工作中发挥着重要的作用。它可以帮助产品经理收集和整理需求，规划和设计产品，激发创新思维，管理项目进度，并促进沟通和共享。通过合理利用思维导图，产品经理能够更好地组织和管理产品信息，推动产品的发展和成功。

图 2-15 所示是笔者团队为"艺术品收藏应用平台"绘制的思维导图。

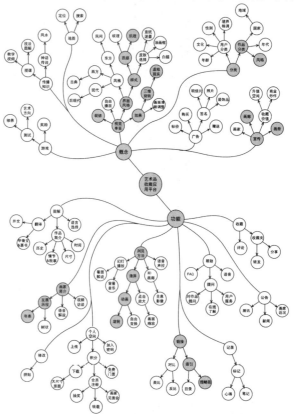

图 2-15 "艺术品收藏应用平台"的概念和功能思维导图

2.3.3 绘制思维导图

思维导图可以手绘或使用电子工具创建。当使用电子工具创建时，常使用专业的软件或在线工具，例如 MindManager、XMind、Google Drawings、Lucidchart 等，这些工具提供了丰富的绘图功能和模板库，可以帮助读者快速创建各种类型的思维导图。

图 2-16 所示的是在白板上绘制的"艺术品收藏应用平台"思维导图，而图 2-17 所示的是用 XMind 绘制的"艺术品收藏应用平台"思维导图。

第 2 章 使用 ChatGPT 辅助生成产品管理中的各种文档

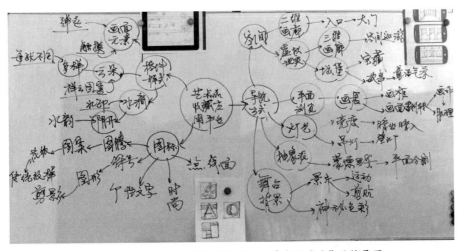

图 2-16　在白板上绘制的"艺术品收藏应用平台"思维导图

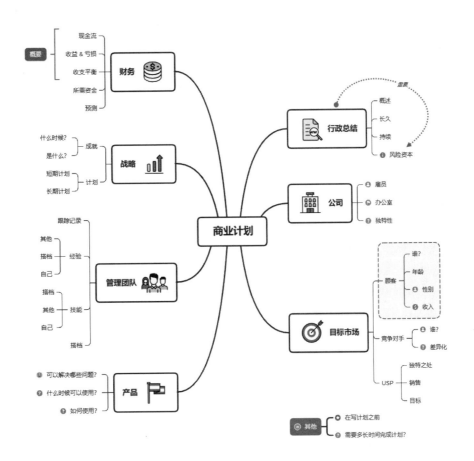

图 2-17　用 XMind 绘制的"艺术品收藏应用平台"思维导图

思维导图是一种记录和组织思考过程的工具，可以在纸质或数字介质上使用。使用它的目的是帮助我们以可视化的方式捕捉和整理想法，并帮助我们更好地理解和记忆信息。无论是手绘还是使用软件创建，思维导图都可以作为一个非常有用的工具来促进问题的解决和创造力的发挥。

2.3.4 使用ChatGPT绘制思维导图

ChatGPT是一种自然语言处理模型，它并不具备直接绘制思维导图的能力，但是可以通过如下方法实现。

方法1：通过ChatGPT生成Markdown代码描述的思维导图，然后再使用一些思维导图工具从Markdown格式代件导入。

方法2：使用ChatGPT通过文本的绘图工具Mermaid绘制思维导图，图2-18所示的是使用Mermaid工具绘制的简单的思维导图。

方法3：使用ChatGPT通过文本的绘图工具PlantUML绘制思维导图，图2-19所示的是使用PlantUML工具绘制的简单的思维导图。

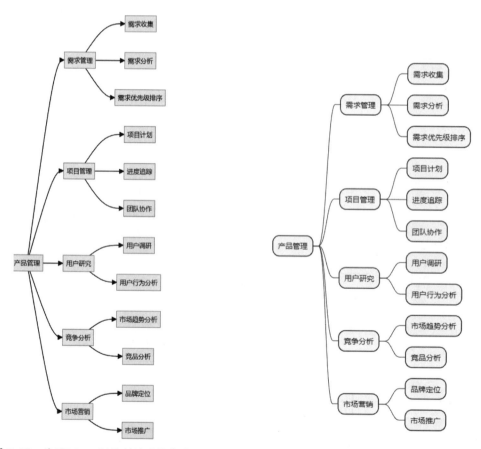

图2-18 使用Mermaid绘制的思维导图　　　图2-19 使用PlantUML绘制的思维导图

2.3.5 案例3：生成SocialConnect应用程序需求文档思维导图

下面我们介绍如何通过"方法1"创建思维导图。

第2章 使用ChatGPT辅助生成产品管理中的各种文档

动手示例

由于ChatGPT不能生成图片，我们可以换一种说法。

> **我们向ChatGPT发送如下请求消息。**
>
> 帮助我以"SocialConnect应用程序需求文档"为中心主题，返回一个文本版的思维导图，注意返回Markdown格式代码。

这个指令有三个层面的信息：
（1）以×××为中心主题；
（2）生成文本版的思维导图；
（3）返回Markdown格式代码。

> **指令执行后，ChatGPT的回答如下。**
>
> # SocialConnect应用程序需求文档
>
> - 项目名称和简介
>   - 项目名称：SocialConnect。
>   - 简介：SocialConnect是一款社交媒体应用程序，旨在为用户提供全面而便捷的社交体验，满足用户的社交需求并提供丰富的互动体验。
>
> - 项目背景
>   - 随着数字化时代的发展，社交媒体成为人们分享生活、连接他人和获取信息的重要平台之一。SocialConnect应运而生，旨在解决现有社交媒体平台的限制和不足，提供更个性化、安全可靠的社交媒体体验。
>
> - 目标用户
>   - 目标用户群体包括各个年龄段和职业的人群，特别是那些热衷于社交互动、分享生活和发现新兴趣的用户。
>
> - 功能需求
>   - 用户注册和登录功能，以创建个人账户并访问应用程序。
>   - 用户个人资料管理，包括头像、个人信息和隐私设置。
>   - 发布动态和分享内容，如文字、照片、视频和链接。
>   - 添加好友和建立社交关系，让用户能够关注和互动。
>   - 加入兴趣群组和参与社交活动，与志同道合的人交流。

- 私信交流和群组聊天功能，让用户能够与好友或群组进行实时对话。
- 探索热门内容和推荐功能，帮助用户发现感兴趣的内容和人脉。
- 通知和提醒功能及时通知用户有关新消息、好友请求和活动更新等重要信息。

- 非功能需求
- 用户界面设计应简洁、直观且易于使用。
- 应用程序响应速度快，保证用户流畅的交互体验。
- 数据安全性和隐私保护是关键，用户的个人信息和内容应受到严格保护。
- 应用程序应在不同平台和设备上具有良好的兼容性和可访问性。

- 用户界面设计
- 用户界面应具有现代化的外观和直观的导航结构。
- 使用清晰的图标、标签和按钮，以便用户能够轻松理解和操作应用程序。
- 考虑不同设备的屏幕尺寸和分辨率，确保界面在各种设备上呈现良好。

然后将上述代码复制出来，保存为 Markdown 格式文件（*.md）。

由于 XMind 工具提供从 Markdown 导入文件的功能，我们可以使用 XMind 工具导入前面刚生成的 Markdown 文件。

导入过程：打开 XMind 工具，单击菜单"文件"→"导入于"→"Markdown"，弹出"导入文件"对话框，选择要导入的 XMind 文件。如果导入成功，效果如图 2-20 所示。

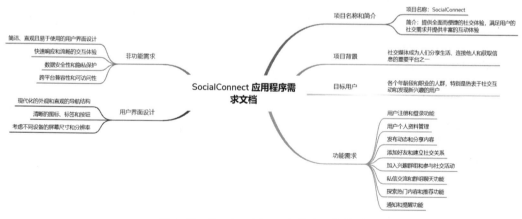

图 2-20　导入 Markdown 文件的思维导图

2.3.6　案例4：使用Mermaid工具绘制思维导图

2.3.5 小节中我们采用"方法 1"生成了思维导图，本小节我们介绍使用"方法 2"，利用绘图工具 Mermaid 绘制思维导图。Mermaid 是一种文本绘图工具，类似的文本绘图工具有很多，以下是一些常见的种类。

- Graphviz：一种用于绘制各种类型图表的开源工具，它使用纯文本的图形描述语言，可以创建流程图、组织结构图、网络图和类图等。
- PlantUML：一种基于文本的UML图形绘制工具，它可以用简单的文本描述来创建各种类型的UML图表，包括时序图、活动图、类图和组件图等。
- Mermaid：一种基于文本的流程图和时序图绘制工具，它使用简单的文字描述语言创建流程图和时序图，然后将其转换为可视化的图形。
- Asciiflow：一种在线的ASCII绘图工具，它可以用ASCII字符创建流程图、组织结构图、网络图和类图等。
- Ditaa：一种将ASCII图形转换为矢量图形的工具，它可以将ASCII字符转换为各种类型的图表，包括流程图、时序图和类图等。

使用ChatGPT通过Mermaid绘制图形的具体步骤如下。

第1步：根据任务描述，使用ChatGPT生成Mermaid代码。

第2步：使用Mermaid渲染工具生成图片。

Mermaid渲染工具也有很多，其中Mermaid Live Editor是官方提供的在线Mermaid编辑器，可以实时预览Mermaid图表。打开Mermaid Live Editor官网页面，如图2-21所示，其中左侧是代码窗口，右侧是渲染后的图形窗口。

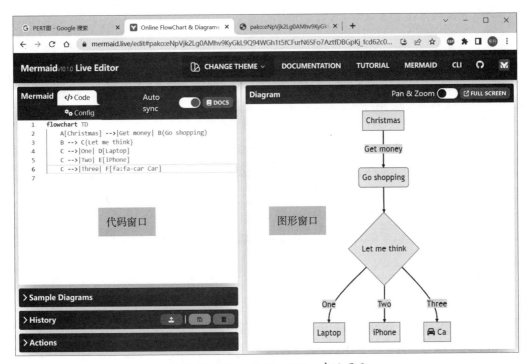

图2-21 Mermaid Live Editor官网页面

在左侧的代码窗口中输入Mermaid代码，默认会自动同步渲染图形，显示在右侧的渲染图形窗口，读者可以自己测试一下。如果读者还想把渲染的图形像输出，可以单击"Actions"按钮打开如图 2-22 所示的"Actions"面板，在"Actions"面板中可以选择保存或分享图片。

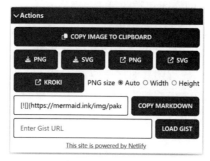

图 2-22 "Actions"面板

有关 Mermaid 代码的内容本书不再解释，我们只是借助 ChatGPT 使用 Mermaid 代码绘图而已。下面我们通过示例介绍一下如何使用 Mermaid 工具绘制思维导图。

动手示例

> **我们向 ChatGPT 发送如下请求消息。**
>
> 有如下需求文档，帮我使用 Mermaid 工具绘制思维导图。
>
> 需求文档草稿 – SocialConnect 应用程序
>
> 1. 项目名称和简介：
>
> 项目名称：SocialConnect。
>
> 简介：SocialConnect 是一款社交媒体应用程序，旨在为用户提供全面而便捷的社交体验，满足用户的社交需求并提供丰富的互动体验。
>
> 2. 项目背景：
>
> 随着数字化时代的发展，社交媒体成为人们分享生活、连接他人和获取信息的重要平台之一。SocialConnect 应运而生，旨在解决现有社交媒体平台的限制和不足，提供更个性化、安全可靠的社交媒体体验。
>
> 3. 目标用户：
>
> 目标用户群体包括各个年龄段和职业的人群，特别是那些热衷于社交互动、分享生活和发现新兴趣的用户。
>
> 4. 功能需求：
>
> 用户注册和登录功能，以创建个人账户并访问应用程序。
>
> 用户个人资料管理，包括头像、个人信息和隐私设置。
>
> 发布动态和分享内容，如文字、照片、视频和链接。
>
> 添加好友和建立社交关系，让用户能够关注和互动。
>
> 加入兴趣群组和参与社交活动，与志同道合的人交流。

私信交流和群组聊天功能，让用户能够与好友或群组进行实时对话。

探索热门内容和推荐功能，帮助用户发现感兴趣的内容和人脉。

通知和提醒功能及时通知用户有关新消息、好友请求和活动更新等重要信息。

5. 非功能需求：

用户界面设计应简洁、直观且易于使用。

应用程序响应速度快，保证用户流畅的交互体验。

数据安全性和隐私保护是关键，用户的个人信息和内容应受到严格保护。

应用程序应在不同平台和设备上具有良好的兼容性和可访问性。

6. 用户界面设计：

用户界面应具有现代化的外观和直观的导航结构。

使用清晰的图标、标签和按钮，以便用户能够轻松理解和操作应用程序。

考虑不同设备的屏幕尺寸和分辨率，确保界面在各种设备上呈现良好。

指令执行后，ChatGPT的回答如下。

graph LR
A[SocialConnect 应用程序需求文档] --> B[项目名称和简介]
A --> C[项目背景]
A --> D[目标用户]
A --> E[功能需求]
A --> F[非功能需求]
A --> G[用户界面设计]

然后将代码复制到 Mermaid Live Editor 工具中进行渲染，结果如图 2-23 所示。

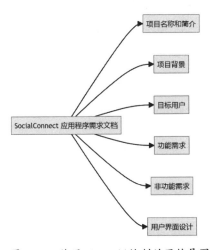

图 2-23　使用 Mermaid 绘制的思维导图

2.3.7 案例5：使用PlantUML工具绘制思维导图

2.3.6小节中我们采用"方法2"生成了思维导图，本小节我们介绍使用"方法3"，利用PlantUML工具绘制思维导图。

可以通过一些在线网站实现使用PlantUML代码渲染图像。图2-24所示的是使用PlantUML网站渲染思维导图的效果。

另外，PlantText网站也值得推荐，这里不再赘述。

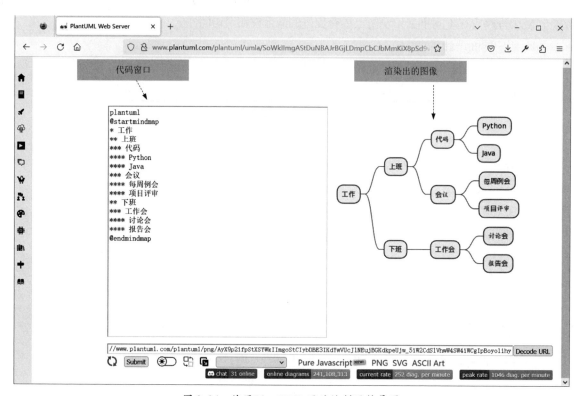

图2-24 使用PlantUML网站绘制思维导图

在渲染图像时，我们只需要将代码粘贴到代码窗口，就可以自动渲染了。

> **提示**
> 有关PlantUML语言的更多语法，读者可以在PlantUML官网进行下载。

下面我们通过示例介绍一下如何使用PlantUML工具绘制思维导图。

动手示例

> 🧑 **我们向ChatGPT发送如下请求消息。**
>
> 有如下需求文档，使用PlantUML工具绘制思维导图，注意文字太多，简化一下文字。

需求文档草稿 - SocialConnect 应用程序

1. 项目名称和简介：

项目名称：SocialConnect。

简介：SocialConnect 是一款社交媒体应用程序，旨在为用户提供全面而便捷的社交体验，满足用户的社交需求并提供丰富的互动体验。

2. 项目背景：

随着数字化时代的发展，社交媒体成为人们分享生活、连接他人和获取信息的重要平台之一。SocialConnect 应运而生，旨在解决现有社交媒体平台的限制和不足，提供更个性化、安全可靠的社交媒体体验。

3. 目标用户：

目标用户群体包括各个年龄段和职业的人群，特别是那些热衷于社交互动、分享生活和发现新兴趣的用户。

4. 功能需求：

用户注册和登录功能，以创建个人账户并访问应用程序。

用户个人资料管理，包括头像、个人信息和隐私设置。

发布动态和分享内容，如文字、照片、视频和链接。

添加好友和建立社交关系，让用户能够关注和互动。

加入兴趣群组和参与社交活动，与志同道合的人交流。

私信交流和群组聊天功能，让用户能够与好友或群组进行实时对话。

探索热门内容和推荐功能，帮助用户发现感兴趣的内容和人脉。

通知和提醒功能及时通知用户有关新消息、好友请求和活动更新等重要信息。

5. 非功能需求：

用户界面设计应简洁、直观且易于使用。

应用程序响应速度快，保证用户流畅的交互体验。

数据安全性和隐私保护是关键，用户的个人信息和内容应受到严格保护。

应用程序应在不同平台和设备上具有良好的兼容性和可访问性。

6. 用户界面设计：

用户界面应具有现代化的外观和直观的导航结构。

使用清晰的图标、标签和按钮，以便用户能够轻松理解和操作应用程序。

考虑不同设备的屏幕尺寸和分辨率，确保界面在各种设备上呈现良好。

指令执行后，ChatGPT 的回答如下。

使用 PlantUML 工具绘制思维导图，简化后的文档如下：

plantuml

```
@startmindmap
* SocialConnect 应用程序
** 项目名称和简介
*** 项目名称：SocialConnect
*** 简介：提供全面而便捷的社交体验
** 项目背景
*** 社交媒体成为重要平台之一
*** 解决现有社交媒体平台限制和不足
*** 提供个性化、安全可靠的社交媒体体验
** 目标用户
*** 各年龄段和职业的人群
*** 热衷于社交互动、分享生活和发现新兴趣的用户
** 功能需求
*** 用户注册和登录功能
*** 用户个人资料管理
*** 发布动态和分享内容
*** 添加好友和建立社交关系
*** 加入兴趣群组和参与社交活动
*** 私信交流和群组聊天功能
*** 探索热门内容和推荐功能
*** 通知和提醒功能
** 非功能需求
*** 简洁、直观且易于使用的用户界面设计
*** 快速响应，保证用户流畅的交互体验
*** 数据安全性和隐私保护
*** 不同平台和设备上的兼容性和可访问性
** 用户界面设计
*** 现代化的外观和直观的导航结构
*** 清晰的图标、标签和按钮
*** 考虑不同设备的屏幕尺寸和分辨率
@endmindmap
```

将上述代码复制到支持 PlantUML 语法的编辑器或网页中，生成思维导图，效果如图 2-25 所示。

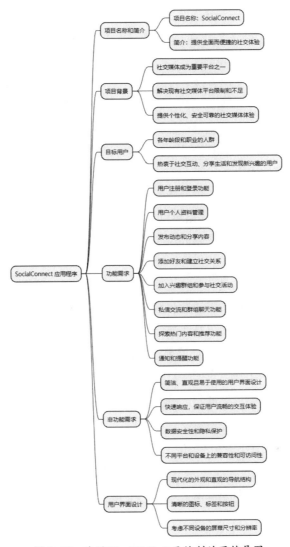

图 2-25 使用 PlantUML 工具绘制的思维导图

2.4 使用表格

在产品管理中，表格广泛应用于各个方面，以跟踪和管理产品相关的信息。以下是一些产品管理中常见的表格的应用场景。

（1）产品清单/目录：使用表格来列出所有产品的基本信息，如产品名称、描述、型号、价格等。这样可以方便地查看和比较不同产品的属性。

（2）产品规格：使用表格来记录每个产品的详细规格和特性，包括尺寸、重量、材料、功能等。这有助于产品开发和生产团队了解产品的具体要求。

（3）供应商管理：使用表格来管理与供应商相关的信息，如供应商名称、联系信息、合作协议、交付时间等。这有助于跟踪供应链，并确保供应商和产品供应的可靠性。

（4）库存管理：使用表格来记录产品的库存量、入库和出库日期、位置等信息。这有助于及时了解库存情况，并进行适当的补充和调配。

（5）销售订单和交付追踪：使用表格来跟踪销售订单的详细信息，包括订单号、客户信息、产品数量、交付日期等。这有助于确保订单的及时交付和跟踪交付进度。

（6）产品质量管理：使用表格来记录产品的质量检测结果、问题反馈、质量改进措施等信息。这有助于追踪和改进产品质量，并保证产品符合质量标准。

（7）产品版本控制：使用表格来管理不同产品版本的信息，包括版本号、发布日期、变更内容等。这有助于跟踪产品的演进和改进，以及确保正确的版本使用和交付。

（8）提高产品管理效率：产品管理表格可以帮助产品经理提高产品管理效率，节省时间和精力。通过使用预算表格、资源表格、进度表格和风险管理表格等工具，产品经理可以更加高效地管理项目，从而提高产品管理的质量和效率。

这些只是产品管理中使用表格的一些常见场景，实际上，在不同的组织和项目中，表格可以根据具体需求进行定制和扩展。表格的灵活性和易于使用性使其成为产品管理中的重要工具，用于整理和展示大量产品相关的信息，以便更好地进行管理和决策。

综上，表格工具在产品管理的各个环节都发挥着重要作用，有效地支撑了项目的进度、资源、财务与绩效管理。但表格本质上还只是记录与展示的工具，真正的管理还需要产品管理人员进行主观判断与操作。表格工具为管理过程提供了结构与框架，更高级的产品管理信息系统可以在此基础上实现管理过程的进一步自动化与优化。

2.4.1 Markdown表格

Markdown不能生成二进制的Excel电子表格，但是使用ChatGPT可以生成如下两种用文本表示的电子表格：

（1）用Markdown代码表示的电子表格；

（2）用CSV表示的电子表格。

我们先来介绍如何制作Markdown表格。在Markdown代码中可以创建表格，Markdown格式表格也是纯文本格式，可以方便地在不同的编辑器和平台之间共享和编辑。以下是制作Markdown表格的示例代码。

```
| 产品分类           | 产品数量 | 价格范围    |
|-------------------|--------|-----------|
| 家用电器           | 250    | $100-$1000 |
| 厨房电器           | 90     | $50-$800   |
| 个人护理电器       | 80     | $10-$200   |
| 家具和装饰品       | 180    | $50-$2000  |
| 沙发和椅子         | 70     | $200-$1000 |
| 床和床上用品       | 60     | $100-$1500 |
```

预览效果如图 2-26 所示。

产品分类	产品数量	价格范围
家用电器	250	$100-$1000
厨房电器	90	$50-$800
个人护理电器	80	$10-$200
家具和装饰品	180	$50-$2000
沙发和椅子	70	$200-$1000
床和床上用品	60	$100-$1500

图 2-26　Markdown 预览效果（一）

在上述示例代码中，通过使用管道符（|）和减号（-），我们可以创建一个简单的 3 列 6 行的表格。第一行为表头，第二行为分隔符，下面的每一行则为表格的数据行。

需要注意的是，在 Markdown 表格中，单元格内的文本对齐方式通常会根据分隔符的位置自动调整。如果想要更精细地控制单元格的对齐方式，则需要使用冒号（:）进行设置。例如，":--" 表示左对齐，":-:" 表示居中对齐，"--:" 表示右对齐。

以下是使用对齐符号的 Markdown 表格的示例代码。

```
| 产品分类       | 产品数量 | 价格范围     |
| :------------ | -------: | :---------- |
| 家用电器       | 250      | $100-$1000  |
| 厨房电器       | 90       | $50-$800    |
| 个人护理电器   | 80       | $10-$200    |
| 家具和装饰品   | 180      | $50-$2000   |
| 沙发和椅子     | 70       | $200-$1000  |
| 床和床上用品   | 60       | $100-$1500  |
```

预览效果如图 2-27 所示。

产品分类	产品数量	价格范围
家用电器	250	$100-$1000
厨房电器	90	$50-$800
个人护理电器	80	$10-$200
家具和装饰品	180	$50-$2000
沙发和椅子	70	$200-$1000
床和床上用品	60	$100-$1500

图 2-27　Markdown 预览效果（二）

2.4.2　案例6：使用Markdown制作电子产品目录表格

事实上手动编写 Markdown 表格的确需要耗费一定的工作量和耐心。为了提高工作效率，我们可以使用 ChatGPT 帮助制作 Markdown 表格。

案例背景

在某电子产品公司中，产品管理是一项重要的任务，涉及产品的开发、生产、销售和库存管理等方面。该公司设计、制造和销售各种电子产品，如手机、平板电脑、笔记本电脑、蓝牙耳机等。为了有效管理这些产品，并及时了解产品的基本信息和库存情况，公司使用表格来进行产品管理，如表 2-1 所示。

表 2-1 电子产品目录表格

产品编号	产品名称	产品描述	价格	库存量
P001	手机	智能手机，支持多种功能和应用程序	500	100
P002	平板电脑	轻便便携，适用于娱乐和工作	800	50
P003	笔记本电脑	高性能处理器和大内存容量	1200	80
P004	蓝牙耳机	无线连接，高音质	100	200

上述表格相对来讲是有一些复杂的，它可以分为表头数据和表行数据。使用 ChatGPT 制作 Markdown 表格可以采复合指令实现。

动手示例

第 1 步：让 ChatGPT 制作表格，并提供相关数据。

> 🗨 **我们向 ChatGPT 发送如下请求消息。**
>
> 请帮我制作一个表格，返回 Markdown 代码，我会给你提供表头数据和表行数据。等到我说"表格生成结束"你再停止。

> 🤖 **ChatGPT 的回答如下。**
>
> 好的，请提供表头数据和表行数据。

第 2 步：逐行向 ChatGPT 发送表行数据。

> 🗨 **然后我们就可以向 ChatGPT 发送表行数据，请求消息如下。**
>
> P001　手机　智能手机，支持多种功能和应用程序　500　100

> 🗨 **如果有多条数据，返回重复第 2 步，最后完成之后，我们向 ChatGPT 发送如下请求消息。**
>
> 表格生成结束

> **ChatGPT 的回答如下。**
> 好的,以下是使用您提供的表行数据生成的完整的 Markdown 表格代码:
>
> | 产品编号 | 产品名称 | 产品描述 | 价格 | 库存量 |
> | --- | --- | --- | --- | --- |
> | P001 | 手机 | 智能手机,支持多种功能和应用 | 500 | 100 |
> | P002 | 平板电脑 | 轻便便携,适用于娱乐和工作 | 800 | 50 |
> | P003 | 笔记本电脑 | 高性能处理器和大内存容量 | 1200 | 80 |
> | P004 | 蓝牙耳机 | 无线连接,高音质 | 100 | 200 |

将这些代码保存为 Markdown 格式文件(.md),然后使用相应的工具浏览 Markdown 文件,可看到如图 2-28 所示的表格。

产品编号	产品名称	产品描述	价格	库存量
P001	手机	智能手机,支持多种功能和应用	500	100
P002	平板电脑	轻便便携,适用于娱乐和工作	800	50
P003	笔记本电脑	高性能处理器和大内存容量	1200	80
P004	蓝牙耳机	无线连接,高音质	100	200

图 2-28 Markdown 预览效果

> **提示**
> 事实上也可以一次性输入多条数据,但是输入数据多,也就意味着返回数据会增多,ChatGPT 对返回数据量是有限制的,导致只能返回部分数据。建议读者"多次少输入",如果出现 ChatGPT 不动的情况,说明返回数据太多,读者可以发送"请继续",ChatGPT 会继续返回数据。

2.4.3 CSV 电子表格

2.4.2 小节介绍的是返回 Markdown 格式的表格数据,此外,还可以让 ChatGPT 返回 CSV 电子表格。

CSV,全称是 Comma-Separated Values,即逗号分隔值的文本文件的电子表格。CSV 文件可以被许多应用程序读取和编辑,例如 Microsoft Excel、Google Sheets 等。每行表示一行记录,每个字段之间用逗号分隔。通常第一行包含表头,其余的行包含数据。例如,以下是一个包含表头和三行数据的简单示例。

```
姓名,年龄,性别
爱丽丝,25,女
鲍勃,30,男
查理,35,男
```

我们需要将CSV代码复制到文本编辑器中，如图2-29所示。

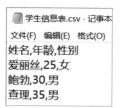

图 2-29　在记事本中编写CSV代码

然后将文件保存为".csv"文件格式，如图2-30所示。

保存好CSV文件之后，可以使用Excel和WPS等Office工具打开。图2-31所示的是使用Excel打开CSV文件的效果。

图 2-30　保存CSV文件

图 2-31　使用Excel打开CSV文件

> **注意**
>
> 在保存CSV文件时，要注意字符集问题！如果是在简体中文系统下，推荐字符集选择ANSI，ANSI在简体中文就是GBK编码。如果不能正确选择字符集则会出现中文乱码的情况，图2-32所示的是采用Excel工具打开UTF-8编码的CSV文件出现中文乱码的情况，而采用WPS工具打开则不会有乱码。
>
>
>
> 图 2-32　CSV文件乱码

2.4.4　案例7：使用CSV制作电子产品目录表格

下面通过案例介绍一下如何使用ChatGPT生成CSV表格。

第 2 章 使用 ChatGPT 辅助生成产品管理中的各种文档

使用ChatGPT生成CSV表格和Markdown表格类似，都是比较复杂的，可以采用复合指令实现。

动手示例

第1步：让ChatGPT制作表格，并提供相关数据。

> **我们向ChatGPT发送如下请求消息。**
> 请帮我制作一个表格，返回CSV代码，我会给你提供表头数据和表行数据。等到我说"表格生成结束"你再停止。

> **ChatGPT的回答如下。**
> 好的，请提供表头数据和表行数据，我会帮您生成相应的CSV代码。

> **然后我们就可以向ChatGPT发送表头数据，请求消息如下。**
> 表头数据：产品编号　产品名称　产品描述　价格　库存量

> **ChatGPT的回答如下。**
> 好的，以下是表头数据的CSV代码：
>
> 产品编号　产品名称　产品描述　价格　库存量
>
> 请提供表行数据，我会帮您生成表格。

第2步：逐行向ChatGPT发送表行数据。

> **然后我们就可以向ChatGPT发送表行数据，请求消息如下。**
> P001　手机　智能手机，支持多种功能和应用程序　500　100

> **如果有多条数据，返回重复第2步，最后完成之后，我们向ChatGPT发送如下请求消息。**
> 表格生成结束

> **ChatGPT的回答如下。**
> 好的，以下是包含所有行的表格的CSV代码：
>
> 产品编号,产品名称,产品描述,价格,库存量
> P001,手机,智能手机,支持多种功能和应用程序,500,100

```
P002,平板电脑,轻便便携,适用于娱乐和工作,800,50
P003,笔记本电脑,高性能处理器和大内存容量,1200,80
P004,蓝牙耳机,无线连接,高音质,100,200
```

将这些CSV代码复制出来,粘贴到记事本中保存为CSV文件,详细过程不再赘述。

2.4.5 转换为Excel

使用ChatGPT制作的CSV表格如何转换成Excel呢?我们可以在使用 Excel 或WPS等工具打开CSV文件后,选择单击菜单"文件"→"另存为",弹出文件"另存为"对话框,在文件"保存类型"中选择"*.xlsx",如图 2-33 所示。

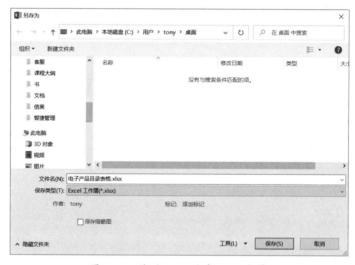

图 2-33　使用 Excel 另存 Excel 文件

2.5 使用ChatGPT制作图表

ChatGPT不能直接制作图表,但是可以通过多种途径使用ChatGPT制作图表,归纳一下主要有以下两种方法。

(1)无编程方法,可以使用ChatGPT生成Excel电子表格,然后再在Excel中通过内置图表制作功能制作图表。

(2)编程方法,通过ChatGPT生成代码,如使用VBA、Python等语言,从数据中生成图表。

2.5.1 无编程方法使用ChatGPT制作图表

通过无编程方法使用ChatGPT制作图表过程中,使用ChatGPT生成Excel文件,然后在Excel中制作图表,图 2-34 所示的是在Excel中制作电子产品目录表的步骤。

第 2 章 使用 ChatGPT 辅助生成产品管理中的各种文档

图 2-34　在 Excel 中制作图表

单击"推荐的图表"按钮，会弹出如图 2-35 所示的"更改图表类型"对话框，但通常推荐的是柱状图，这里柱状图并不适合本例，那么我们可以选择条状图，如图 2-36 所示。

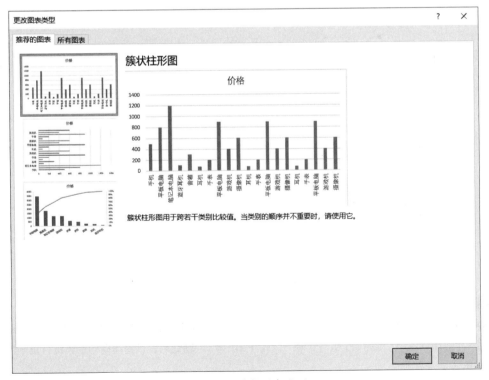

图 2-35　选择图表类型

45

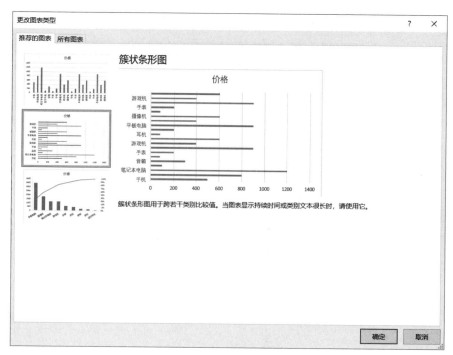

图 2-36　选择条状图

选择条状图后，还可以进行调整图表类型、修改标题等操作，这里不再赘述。最后可以将这个图表导出来，如图 2-37 所示。

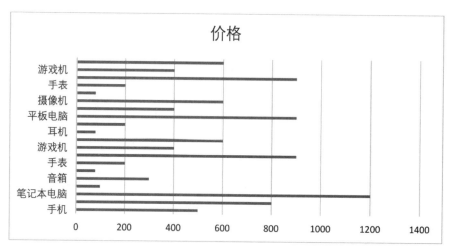

图 2-37　最后制作的图表

> **提示**
> 在 Excel 中选中要导出的图表，然后使用复制（"Ctrl+C"组合键）和粘贴（"Ctrl+V"组合键）命令将图表粘贴到另一个应用程序中（例如 Word、PowerPoint、Paint 等）。粘贴后，读者可以对图表进行进一步编辑、保存或导出。

2.5.2 编程方法使用ChatGPT制作图表

如果想要通过编程方法使用ChatGPT制作图表，需要具备一定的编程基础。目前主要可以使用VBA和Python语言实现。

笔者强烈推荐使用Python语言来编写代码，因为Python提供了丰富的图表库，如Matplotlib、Seaborn、Plotly等。这些库提供了丰富的API和组件，可以帮助绘制高质量的图表，并提供多种导出格式，例如PNG、JPEG、SVG等。

相对而言，Python用户要比VBA较多，下面就来介绍一下如何使用ChatGPT生成Python代码来绘制图表。

动手示例

让ChatGPT生成Python代码。

> **我们向ChatGPT发送如下请求消息，让ChatGPT生成Python代码。**
> 以下是使用Python绘制条形图的示例代码，使用Matplotlib库进行绘图，数据来自"电子产品目录表格10条.xlsx"文件的B列和D列。

ChatGPT的回答如下。

以下是使用Python绘制条形图的示例代码，使用Matplotlib库进行绘图：

```
import pandas as pd
import matplotlib.pyplot as plt

# 读取Excel文件
data = pd.read_excel("电子产品目录表格10条.xlsx")

# 提取B列(产品名称)和D列(价格)数据
product_names = data['产品名称']
prices = data['价格']

# 绘制条形图
plt.figure(figsize=(10, 6))
plt.barh(product_names, prices)
plt.xlabel('价格')
plt.ylabel('产品名称')
plt.title('产品价格分布')

# 自动调整Y轴标签的位置，避免重叠
```

```
plt.tight_layout()

# 显示图形
plt.show()
```

把上述Python代码复制,并保存为".py"文件。

请确保在运行代码之前已经安装了Pandas和Matplotlib库,并将数据保存在名为"电子产品目录表格10条.xlsx"的Excel文件中,还要确保Python文件和"电子产品目录表格10条.xlsx"文件放在同一个目录中。

运行代码后,会生成一个条形图,显示产品名称和对应的价格信息,如图2-38所示。

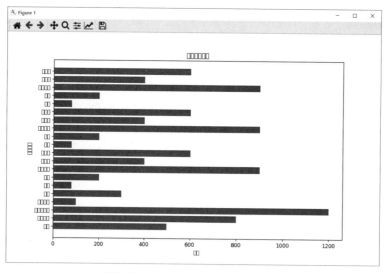

图2-38 Python语言绘制的条形图

从运行结果可见,中文显示有问题,这是因为Matplotlib库本身对于中文支持不好,可以让ChatGPT修改代码。

> 向ChatGPT发送如下指令。
> 代码运行结果,有中文显示乱码,帮我修改代码。

> 上述指令执行后,ChatGPT的回答如下。
> ```
> import pandas as pd
> import matplotlib.pyplot as plt
> from matplotlib.font_manager import FontProperties
>
> # 设置中文字体
> font = FontProperties(fname='C:/Windows/Fonts/msyh.ttc', size=12)  # 指定中文字体文件路径和字号
> ```

```python
# 读取Excel文件
data = pd.read_excel("电子产品目录表格10条.xlsx")

# 提取D列(价格)数据
prices = data['价格']

# 绘制条形图
plt.figure(figsize=(10, 6))
plt.barh(range(len(prices)), prices)
plt.xlabel('价格', fontproperties=font)  # 设置x轴标签的字体
plt.ylabel('索引', fontproperties=font)  # 设置y轴标签的字体
plt.title('产品价格分布', fontproperties=font)  # 设置标题的字体

# 设置Y轴刻度标签为原始的产品名称
plt.yticks(range(len(prices)), data['产品名称'], fontproperties=font)

# 自动调整Y轴标签的位置，避免重叠
plt.tight_layout()

# 显示图形
plt.show()
```

保存代码重新运行，运行结果如图2-39所示。

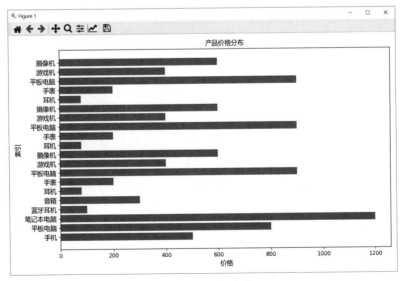

图2-39　运行结果

从运行结果可见，中文显示正常了。

2.6 鱼骨图

鱼骨图(Fishbone Diagram)，又称因果图或石川图，是一种用分支图表示因果关系的可视化工具。它通过一个鱼骨的结构，清晰地展示一个结果（鱼头）和其影响因素（鱼骨）之间的关系，图2-40所示的是一个项目延期原因的分析鱼骨图。

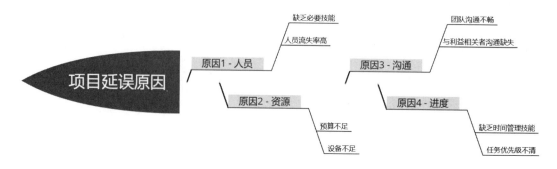

图 2-40 项目延期原因的分析鱼骨图

鱼骨图的主要结构如下。

（1）鱼头：表示问题的结果或影响。

（2）主骨骼：表示影响结果的主要分类，通常包括人员、机器、方法、材料、环境等。

（3）小骨骼：表示具体的影响因素，属于主骨骼的分类。

鱼骨图的主要作用如下。

（1）直观显示结果的潜在影响因素，特别是容易被忽略的根本原因。

（2）分析各影响因素之间的关系，找出关键影响因素。

（3）为问题解决提供清晰的思路与方向。

（4）汇集不同人对同一问题的看法，达成共识。

2.6.1 鱼骨图在产品管理中的应用

在产品管理中，鱼骨图主要应用于以下几个方面。

（1）产品结构设计：鱼骨图可以清晰表达产品的层级关系与架构设计。通过顶层产品向下分解成子产品、模块、功能等，设计出产品的树形结构，指导产品开发与实现。这有助于团队达成共识，提高设计效率。

（2）需求管理：可以使用鱼骨图来表达产品需求之间的父子关系或依赖关系。区分核心需求与附属需求，并关联两个需求之间的优先级与影响程度。这有助于优先实现关键需求，指导产品开发进程。

（3）产品交付计划：鱼骨图可以用于制定产品交付的阶段性计划。将产品需求、开发任务进行结构化，判断任务间的依赖关系，制定出交付的阶段目标与时间表。这可以使整个交付流程更加清晰、高效。

（4）变更管理：当产品需求或环境发生变化时，可以使用鱼骨图分析变更对产品的影响程度。判断变更是否会影响产品的关键模块或功能，评估实现变更的难易程度与工作量。这有助于制定应对策略，优化资源配置，将变更带来的影响降至最低。

（5）故障管理：产品发生故障时，可以使用鱼骨图快速定位故障所在的产品层级与模块。判断故障源是否会造成连锁反应，对其他模块或功能产生影响。这可以帮助团队制定相应的修复方案，尽快恢复产品运行。

综上，鱼骨图通过清晰地表达产品的层级结构与元素之间的关系，在产品结构设计、需求管理、交付计划、变更管理与故障处理等方面发挥着重要作用。它使团队可以快速达成共识，提高协作效率，是产品管理过程中一个简单高效的工具。

2.6.2 使用ChatGPT辅助绘制鱼骨图

ChatGPT可以很好地辅助人工绘制鱼骨图。主要作用如下。

（1）分析问题或情况描述，提取关键信息与因素。ChatGPT可以理解人工输入的问题描述或项目情况，分析出关键的结果、影响因素及其关系，为绘制鱼骨图提供信息基础。

（2）提出鱼骨图的框架结构。根据提取的关键信息，ChatGPT可以提出鱼骨图的框架，包括鱼头（结果）、主骨骼（主因素分类）和各级小骨骼（具体因素）。人工可以根据业务知识对框架进行修正或补充。

（3）自动生成鱼骨图的初稿。在确定框架结构后，ChatGPT可以自动生成鱼骨图的初稿，包括每个节点的表述及箭头表示的关系。人工可以对节点表述或关系进行调整，然后修订为最终版图。

（4）对鱼骨图进行分析与解释。ChatGPT还可以根据鱼骨图分析可能导致结果的关键影响因素，解释各因素之间的相互影响关系，并可以提出改进建议，这有助于人工进一步分析与决策。

但是，ChatGPT在表达复杂概念与逻辑关系方面仍有限制，自动生成的鱼骨图框架与内容还需要人工检查与修正，特别是在表达非常领域和专业知识时更加如此。ChatGPT难以实现对人工沟通背后的深层思维与意图的完全理解，这会影响其分析与提出解决方案的能力。

所以说，ChatGPT是一个有效的辅助工具，可以减少人工绘制鱼骨图的工作量，但人工的参与和判断仍是关键。ChatGPT可以负责初稿自动生成、信息提取与初步分析，而人工需要检查内容的准确性，调整结构框架，并根据领域知识和经验进一步分析与解决问题。这种人工与AI的协同，可以发挥两者的优势，产出高质量的鱼骨图与解决方案。

综上，ChatGPT是绘制高质量鱼骨图的理想助手和协作者，但人的主导作用不会被替代。未来，随着ChatGPT能力的提高，在鱼骨图绘制与应用中可以实现更加深入的人工智能协同。

2.6.3 案例8：在线教育产品模块结构分析

下面通过一个案例介绍一下如何绘制鱼骨图。

案例背景

某公司计划推出一款在线教育产品，产品描述如下：该产品主要由课程内容模块、学习管理模块、社区互动模块、App端模块和运营管理模块构成。

（1）课程内容模块：该模块包含课程分类、课程目录、在线视频、课件资料和在线作业等子模块。课程分类将课程划分为小学课程、初中课程、高中课程和大学课程；课程目录存储各分类课程的详细信息；在线视频包含所有课程视频资源；课件资料提供课件下载；在线作业生成在线练习与测试。

（2）学习管理模块：该模块主要通过学习进度、学习报告和待办任务等工具实现学习管理与跟踪。学习者可以实时查看学习进度与生成学习报告。待办任务提供学习计划与提醒。

（3）社区互动模块：该模块基于论坛和学习小组等方式实现学习者社交互动。学习者可以在论坛发表自己的学习感悟或提出问题，与其他学习者互动交流。学习小组模块致力于组建学习小组，实现协作与讨论。

（4）App端模块：产品在iOS和Android两个平台均有对应的App客户端，方便学习者通过手机等移动设备进行学习与互动。

（5）运营管理模块：该模块通过课程管理、讲师管理、用户管理和订单管理等工具实现产品的运营与管理。管理员可以在这里对课程、讲师、用户与订单等资源进行管理与监控。

综上，该产品是一个集在线课程学习与互动社区于一体的教育产品。通过五大模块下的各子模块与功能，试图实现较为完备的在线学习与交流的功能。这是一个较为典型的在线教育产品架构实例。

动手示例

第1步：让ChatGPT帮助分析原因，生成Markdown文件。

> **我们向ChatGPT发送如下请求消息。**
>
> 我有如下产品描述，帮我分析模块之间的层次关系，返回Markdown代码。
>
> 课程内容模块、学习管理模块、社区互动模块、App端模块和运营管理模块构成。其中：
>
> 1. 课程内容模块：该模块含课程分类、课程目录、在线视频、课件资料和在线作业等子模块。课程分类将课程划分为小学课程、初中课程、高中课程和大学课程；课程目录存储各分类课程的详细信息；在线视频包含所有课程视频资源；课件资料提供课件下载；在线作业生成在线练习与测试。
>
> 2. 学习管理模块：该模块主要通过学习进度、学习报告和待办任务等工具实现学习管理与跟踪。学习者可以实时查看学习进度与生成学习报告。待办任务提供学习计划与提醒。

3. 社区互动模块：该模块基于论坛和学习小组等方式实现学习者社交互动。学习者可以在论坛发表自己的学习感悟或提出问题，与其他学习者互动交流。学习小组模块致力于组建学习小组，实现协作与讨论。

4. App端模块：产品在iOS和Android两个平台均有对应的App客户端，方便学习者通过手机等移动设备进行学习与互动。

5. 运营管理模块：该模块通过课程管理、讲师管理、用户管理和订单管理等工具实现产品的运营与管理。管理员可以在这里对课程、讲师、用户与订单等资源进行管理与监控。

执行指令后，ChatGPT的回答如下。

这里是产品模块层次关系的Markdown表达：

在线教育产品
课程内容模块
课程分类
- 小学课程
- 中学课程
- 高中课程
- 大学课程
课程目录
课程预览
在线视频
课件资料
在线作业
学习管理模块
学习进度
学习报告
待办任务
社区互动模块
论坛
学习小组
App端模块
iOS端
Android端
运营管理模块
课程管理

```
### 讲师管理
### 用户管理
### 订单管理
```

将这些代码保存为Markdown文件格式（.md）。

第2步：使用XMind工具导入Markdown文件。

参考2.3.5小节将第1步生成的Markdown文件导入XMind，如果导入成功，效果如图2-41所示。

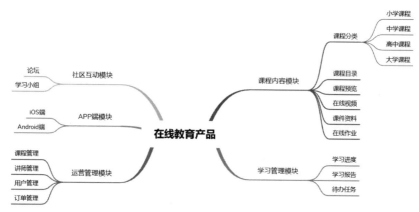

图2-41　使用XMind导入Markdown文件的思维导图

第3步：将思维导图转换为鱼骨图。

从图2-41可见导出的还是思维导图，我们可以使用XMind工具将其转换为鱼骨图。

参考图2-42所示将思维导图转换为鱼骨图，转换成功的效果如图2-43所示。

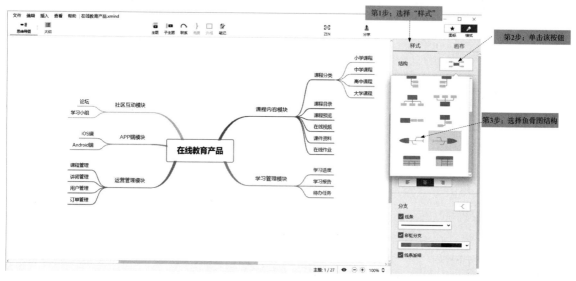

图2-42　将思维导图转换为鱼骨图

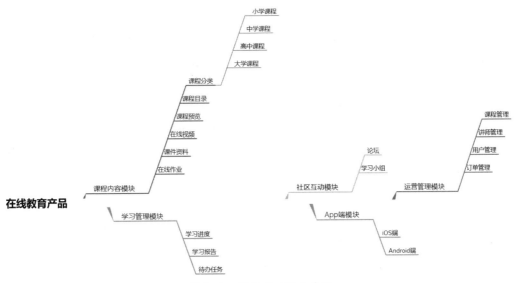

图 2-43　转换成功的鱼骨图

如果读者不喜欢默认的风格,可以选择"画布"→"变更风格",图 2-44 所示是笔者变更风格后的鱼骨图。

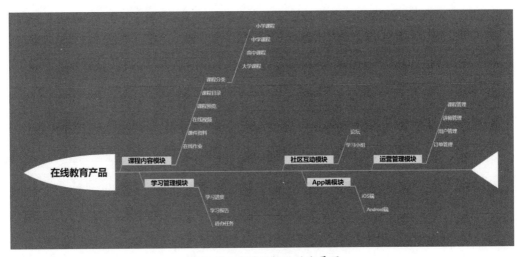

图 2-44　变更风格后的鱼骨图

从鱼骨图中,可以非常直观地看出导致项目延期的原因。

2.7　本章总结

本章主要介绍了如何使用ChatGPT辅助生成产品管理中的各种文档。首先,介绍了使用ChatGPT生成文档模板与内容的方法,包括设计文档模板和使用ChatGPT辅助生成需求文档草稿的案例。接着,介绍了与ChatGPT对话的文本语言Markdown的基本语法和使用Markdown工具的方法,并通过案例演示了如何生成Markdown格式的需求文档，并将其转换为Word文档和PDF文档。

在思维导图方面，介绍了思维导图在产品管理中的作用，产品经理与思维导图的关系，以及绘制思维导图的方法，并演示了使用ChatGPT生成SocialConnect应用程序需求文档思维导图的案例，以及使用Mermaid工具和PlantUML工具绘制思维导图的方法。

此外，本章还介绍了使用表格的方法，包括Markdown表格和CSV电子表格，并通过案例展示了如何使用Markdown和CSV制作电子产品目录表格，并将其转换为Excel文件。

在图表方面，介绍了使用ChatGPT制作图表的方法，包括无编程方法和编程方法，并演示了如何使用ChatGPT制作图表。

最后，介绍了鱼骨图在产品管理中的应用，以及使用ChatGPT辅助绘制鱼骨图的方法，并通过案例展示了在线教育产品模块结构分析的鱼骨图。

综上，本章详细介绍了如何利用ChatGPT在产品管理中生成各种文档，包括需求文档、思维导图、表格和图表等。ChatGPT的应用使文档生成过程更加高效、便捷，通过与ChatGPT的交互，产品经理能够获得个性化的文档内容和辅助工具的支持，提升产品管理的效率和质量。

第 3 章

ChatGPT 辅助
竞品分析与市场调研

在进行竞品分析和市场调研时，使用ChatGPT可以为产品经理提供有力的辅助。以下是ChatGPT在这些方面的应用。

（1）竞品分析：ChatGPT可以帮助产品经理收集竞品的信息并进行分析。产品经理可以使用ChatGPT搜索、整理和比较竞品的特点、功能、定价策略等数据。ChatGPT可以加速数据收集的过程，并提供洞察和建议，帮助产品经理了解竞争对手的优势和劣势。

（2）市场调研：ChatGPT可以用于市场调研，帮助产品经理了解目标市场的规模、趋势、用户需求和行为。通过与ChatGPT进行对话和交互，产品经理可以获取用户观点、反馈和洞察。ChatGPT可以模拟用户对话，提供关键信息以指导产品经理的市场调研和战略决策。

（3）用户洞察：ChatGPT可以帮助产品经理获得更深入的用户洞察。通过与ChatGPT模型交互，产品经理可以模拟用户对产品的使用和体验，从而获取用户反馈和意见。ChatGPT可以帮助产品经理了解用户需求、偏好和痛点，为产品优化和差异化提供指导。

（4）产品定位与差异化：ChatGPT可以辅助产品定位和差异化策略的制定。通过与ChatGPT模型对话，产品经理可以评估产品在用户眼中的定位和价值，并获取改进产品或提供独特价值的建议。ChatGPT可以为产品经理生成创新的产品功能和解决方案，以满足用户需求并与竞品区分开来。

使用ChatGPT进行竞品分析和市场调研时，产品经理需要注意对结果的审慎评估。尽管ChatGPT是一种强大的工具，但它也有一定的局限性，可能存在信息的偏差或误判。因此，在做出决策之前，建议结合其他数据源、人工智能工具和人工的观察和分析，以获得更全面和准确的认识。

3.1 竞品分析

竞品分析是指对竞争对手的产品、市场定位、市场份额、品牌形象等方面进行系统性的研究和分析。通过竞品分析，可以帮助企业了解竞争对手的优势和劣势，识别市场机会和威胁，以及制定相应的竞争策略。

下面是进行竞品分析的一般步骤。

（1）确定竞争对手：首先需要确定与自己产品或服务存在直接竞争关系的竞争对手。可以考虑与自己在目标市场、目标用户群、产品定位等方面相似的竞争对手。

（2）收集竞争信息：收集有关竞争对手的信息是竞品分析的关键步骤。可以通过多种渠道获取竞争对手的资料，包括官方网站、社交媒体、行业报告、用户评论等。关注竞争对手的产品特点、功能、定价策略、营销活动、用户反馈等方面的信息。

（3）分析竞争对手的产品特点：对竞争对手的产品进行细致的分析，了解其核心特点和功能。比较自己产品与竞争对手产品的功能差异，找出优势和劣势。考虑竞争对手的产品定位、定价策略、市场覆盖范围等方面的影响。

（4）评估竞争对手的市场表现：分析竞争对手在市场上的表现，包括市场份额、用户群体、市场增长率等。通过了解竞争对手的市场地位和发展趋势，可以评估竞争对手的竞争优势和潜在威胁。

（5）分析竞争对手的品牌形象：评估竞争对手的品牌形象和市场声誉。了解竞争对手在用户心目中的形象和认知，以及其所传递的核心价值和品牌故事。

（6）挖掘用户洞察：通过用户调研和分析竞争对手的用户反馈，挖掘用户对竞争对手的需求和痛点。了解竞争对手在用户体验、客户服务等方面的表现，并找出可以改进的机会。

（7）制定竞争策略：基于竞品分析的结果，制定相应的竞争策略。确定自身的差异化优势，找到与竞争对手的差异点，以及强化自身的核心竞争力。制定市场定位、定价、产品改进等方面的策略，以便在竞争激烈的市场中取得优势。

3.1.1 ChatGPT在竞品分析中的应用

ChatGPT可以在产品竞争分析的各个环节为产品经理提供帮助，让产品经理更全面、深入地理解竞品格局，并据此制定更精准和有力的竞争策略。产品经理应当灵活运用ChatGPT，发挥其在信息搜索与分析上的作用。

（1）数据抓取和整理：ChatGPT可以用于搜索和抓取与竞品相关的数据，并将其整理成结构化的格式。它可以通过网络搜索、社交媒体分析、用户评论等渠道获取竞品的信息。ChatGPT可以帮助产品经理自动收集和整理大量数据，以便进行后续的分析和比较。

（2）竞品特征比较：ChatGPT可以帮助产品经理比较竞品的特征和功能。通过与ChatGPT进行对话和交互，产品经理可以了解竞品在不同方面的优势和劣势。产品经理可以提问有关竞品的特定特征，并通过ChatGPT的回答来评估竞品之间的差异和优势。

（3）用户反馈分析：可以使用ChatGPT搜索和分析用户对竞争对手的评价和意见。通过与ChatGPT进行对话，可以询问用户常提及的竞争对手的优点和缺点，以及用户在使用竞争对手服务时遇到的问题。ChatGPT的回答可以帮助产品经理了解用户对竞争对手的满意度和竞争产品的使用痛点，从而为自己的产品改进提供参考。

（4）创新和改进建议：可以使用ChatGPT生成创新的想法和改进建议。通过与ChatGPT进行对话，可以提问有关产品创新、增值服务、营销活动等方面的问题。ChatGPT可以提供关于如何改进产品及推出新的创新功能的建议，以帮助产品经理在竞争激烈的市场中保持竞争力。

3.1.2 案例1：使用ChatGPT进行在线商业学习平台竞品分析

下面通过一个在线商业学习平台产品的案例，介绍一下如何使用ChatGPT辅助进行竞品分析。

案例背景

Olivia是某在线商业学习平台的产品经理。她需要深入分析市面上的各大竞品，如Coursera、Udacity和Udemy，明确自身产品的定位和差异化方向。为此，Olivia决定运用ChatGPT对各竞品进行全面而深入的分析。

第1步：首先，Olivia让ChatGPT搜索并整理各竞品的基本信息与新闻报道。

动手示例

> **Olivia 向 ChatGPT 发送如下请求消息。**
>
> 请帮我搜索并整理 Coursera、Udacity 和 Udemy 这三家公司的基本信息,包括创立背景、产品与服务、业务模式等。同时也包括这些公司最近的重要新闻报道,我需要全面了解它们的情况。

> **ChatGPT 的回答如下。**
>
> 好的,Olivia,我已经搜索并整理了以下信息:
>
> Coursera:
> - 2011 年由斯坦福大学教授创立,致力于提供在线课程。
> - 主要产品为大规模开放在线课程(MOOC),涵盖各学科领域。
> - 业务模式仍在探索中,最近任命 Google 前 CEO 的姐姐为 CEO,以寻求转型与盈利。
> - 最近与阿里巴巴达成合作,将在中国发展在线教育业务。
>
> Udacity:
> - 2011 年创立,与 Coursera 类似,提供技能培训与人才服务。
> - 主打产品为技能课程,如人工智能、自动驾驶等,与大公司合作进行人才培养。
> - 业务模式同样仍在调整,最近与高通合作推出人工智能人才培养计划。
>
> Udemy:
> - 2010 年成立,是一个在线学习平台,涵盖各类课程与技能。
> - 课程由各方讲师开发并上架,平台通过分成的模式实现盈利。
> - 最近收购了在线教育初创公司 LearnWorlds,加强在线企业学习领域的布局。
>
> 您可以根据这些信息全面了解各公司的情况,如有需要可以提出补充的问题,我会继续搜集信息并提供更加详尽的回答。

> **Olivia 向 ChatGPT 发送如下请求消息。**
>
> 非常感谢,你提供的这些基本信息与重要报道令我对各竞品的情况有一个清晰的了解。这为我后续的竞品分析打下了基础,我会在分析中继续与你探讨,帮助我厘清不同竞品的定位与优劣势。

> **ChatGPT 的回答如下。**
>
> 你的反馈让我感到欣慰,如果你在后续的竞品分析与探讨中遇到任何问题或需要任何补充,请随时告知我。我将持续努力,配合你的工作并提供更加全面与深入的回答与建议。

第 2 步：Olivia 从定位、功能、课程配置和盈利模式四个维度与 ChatGPT 进行深入探讨，并选取主要的差异点进行分析。

动手示例

> **Olivia 向 ChatGPT 发送如下请求消息。**
>
> 现在我需要从定位、功能、课程配置和盈利模式四个维度深入分析 Coursera、Udacity 和 Udemy 这三家公司，找出它们之间的主要差异点。可以帮我在这四个维度进行探讨并总结各竞品的优劣势吗？

> **ChatGPT 的回答如下。**
>
> 我的分析如下：
>
> 定位：Coursera 和 Udacity 的定位较为宽泛，致力于各学科领域的技能培训；Udemy 的定位较为聚焦，以商业技能学习为主。这使得 Udemy 在商业学习领域具有较强优势。
>
> 功能：Coursera 和 Udacity 提供的课程与服务较为全面与系统化；Udemy 的课程由各教师开发，品质参差不齐，质量控制需提高。但 Udemy 在在线小班与项目实践等体验上占优。
>
> 课程：Coursera 和 Udacity 的课程以技能培训为主；Udemy 提供的商业学习课程更加丰富，如营销、设计等，这为其差异化带来机会。
>
> 盈利模式：Coursera 和 Udacity 的盈利模式尚在调整，同时也面临较大压力；Udemy 的分成模式较清晰，实现了盈利。

> **Olivia 向 ChatGPT 发送如下请求消息。**
>
> 通过上述分析，帮我使用 Mermaid 工具绘制一张竞品竞争格局图。

提示

竞品竞争格局图是一种图表或图形化工具，用于展示在特定市场或行业中竞争的各个竞争对手（竞品）之间的相对位置、优势和关系。它通过可视化的方式帮助人们更好地理解竞争对手之间的竞争态势和相互之间的差异。

竞品竞争格局图并没有固定的图形限制，可以采用多种不同的图形方式来呈现。具体使用哪种图形取决于用户想要表达的信息和展示的效果。

以下是一些常见的图形方式，用于绘制竞品竞争格局图。

（1）饼图（Pie Chart）：饼图适合展示竞品在某个维度上的市场份额或比例关系。通过将饼图划分为不同的扇区，每个扇区代表一个竞品，可以直观地显示各竞品之间的相对占比。

（2）柱状图（Bar Chart）：柱状图适合比较不同竞品在多个维度上的指标或特征。每个竞品可以用不同的柱子表示，柱子的高度可以表示该竞品在相应维度上的数值或比例。

（3）散点图（Scatter Plot）：散点图适合展示不同竞品在多个维度上的位置关系。每个竞品可以表示为一个点，点的位置根据竞品在各维度上的数值确定。通过观察点的分布情况，可以了解竞品之间的相对位置和差异。

（4）矩阵图（Matrix Diagram）：矩阵图适合展示多个竞品在多个维度上的关系和交叉。可以将竞品和维度分别标示在矩阵的行和列上，通过填充或着色单元格来表示竞品在各个维度上的情况。

这些只是一些常见的图形方式，实际上可以根据具体情况和需求选择适合的图形来绘制竞品竞争格局图。重要的是确保选择的图形能够清晰、准确地表达想要传达的信息。

ChatGPT 的回答如下。

```
graph LR

subgraph Coursera
WideScope[广泛的范围]
CompleteSystem[完整的体系]
end

subgraph Udacity
WideScope[广泛的范围]
CompleteSystem[完整的体系]
end

subgraph Udemy
BusinessLearning[专注于商业学习]
RichCourses[丰富的课程]
ProfitModel[清晰的盈利模式]
SmallClassExperience[小班教学优势]
end

WideScope -->|竞争优势| CompleteSystem
WideScope -->|竞争优势| CompleteSystem
BusinessLearning -->|竞争优势| RichCourses
BusinessLearning -->|竞争优势| ProfitModel
BusinessLearning -->|竞争优势| SmallClassExperience

style Coursera fill:#C8E6C9, stroke:#4CAF50, stroke-width:2px;
style Udacity fill:#FFECB3, stroke:#FFC107, stroke-width:2px;
style Udemy fill:#FFCDD2, stroke:#FF5722, stroke-width:2px;
```

将上述的 Mermaid 代码复制并粘贴到 Mermaid 渲染工具中渲染，结果如图 3-1 所示。

通过图 3-1 所示的竞品竞争格局图，可以清晰地理解各竞品的优劣势与差异：Coursera 和 Udacity 的课程体系更完善，定位较宽泛，盈利模式尚在调整；相比之下，Udemy 的课程品质参差不齐但盈利模式更清晰。在线互动和学习体验是 Coursera 和 Udacity 需要提高的方面。

第 3 步：Olivia 想从市场份额角度分析几个竞争对手。Olivia 收集了如下数据。

（1）Coursera：截至 2019 年 3 月，Coursera 共有 3200 万注册用户和 2700 门课程，其中美国用户占比最大。按照 30%～35% 的市场份额估计，Coursera 应占美国 MOOC 市场的 1/3 左右，即 33% 的份额。

（2）Udemy：截至 2019 年 3 月，Udemy 共有超过 4000 万用户和 3.5 万门在线视频课程，其中美国也是最大市场。按照 5%～7% 的市场份额估计，Udemy 在美国 MOOC 市场的份额约为 6%。

（3）Udacity：截至 2019 年 3 月，Udacity 已有 1160 万注册用户和 160 门课程，重点针对高科技行业。Udacity 占全球 MOOC 市场份额的 7%～10%。

Olivia 让 ChatGPT 根据这些数据帮助绘制饼图。

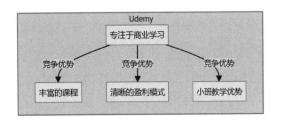
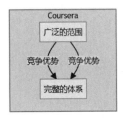

图 3-1　竞品竞争格局图

动手示例

> **Olivia 向 ChatGPT 发送如下请求消息。**
>
> 根据如下数据帮助我使用 Mermaid 绘制饼图。
>
> 1. Coursera：截至 2019 年 3 月，Coursera 共有 3200 万注册用户和 2700 门课程，其中美国用户占比最大。按照 30%～35% 的市场份额估计，Coursera 应占美国 MOOC 市场的 1/3 左右，即 33% 的份额。
>
> 2. Udemy：截至 2019 年 3 月，Udemy 共有超过 4000 万用户和 3.5 万门在线视频课程，其中美国也是最大市场。按照 5%～7% 的市场份额估计，Udemy 在美国 MOOC 市场的份额约为 6%。
>
> 3. Udacity：截至 2019 年 3 月，Udacity 已有 1160 万注册用户和 160 门课程，重点针对高科技行业。Udacity 占全球 MOOC 市场份额的 7%～10%。

> **ChatGPT 的回答如下。**
>
> 根据提供的数据，我将为您使用Mermaid绘制相应的饼图。根据数据中的市场份额估计，饼图将显示Coursera、Udemy和Udacity在美国MOOC市场的相对份额。
>
> ```
> pie
> title 美国MOOC市场份额
>     "Coursera" : 33
>     "Udemy" : 6
>     "Udacity" : 61
> ```

复制上述Mermaid代码，然后到Mermaid渲染工具中渲染，结果如图3-2所示。

图3-2所示的饼图显示了各个平台在美国MOOC市场的相对份额。Coursera占据约33%的份额，Udemy占据约6%的份额，而Udacity则占据约61%的份额。

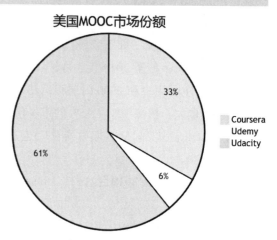

图 3-2　美国MOOC市场份额

3.1.3　竞争分析矩阵

竞争分析矩阵：以表格或矩阵形式对竞争对手的产品特点、功能、定价、优势和劣势进行对比，帮助产品经理评估竞争优势和差距。

图3-3所示的是一个简单的竞争分析矩阵的示例，以供参考。

竞争对手	产品特点	功能	定价	优势	劣势
竞争对手1	特点1	功能1	定价1	优势1	劣势1
竞争对手2	特点2	功能2	定价2	优势2	劣势2
竞争对手3	特点3	功能3	定价3	优势3	劣势3
竞争对手4	特点4	功能4	定价4	优势4	劣势4

图 3-3　竞争分析矩阵

在竞争分析矩阵中，每一行代表一个竞争对手，每一列代表一个评估指标。产品经理可以根据竞争对手的信息填写各个单元格，描述竞争对手的产品特点、功能、定价及其相对于自己产品的优势和劣势。

通过填写竞争分析矩阵，我们可以清晰地看到竞争对手之间的差异，评估自己产品的优势和劣势，从而为产品定位和差异化策略的制定提供有价值的信息。这样的分析可以帮助产品经理更好地了解市场竞争环境，并找到突破口和优势点，以满足目标用户的需求并赢得竞争优势。

3.1.4 使用ChatGPT辅助制作竞争分析矩阵

ChatGPT可以辅助制作竞争分析矩阵，以下是使用ChatGPT辅助进行竞争分析矩阵制作的过程。

（1）收集竞争对手信息：首先，收集与自己的产品直接竞争的对手产品的信息，包括其产品特点、功能、定价及其他关键信息。整理这些信息，以便后续制作竞争分析矩阵。

（2）与ChatGPT对话：将收集到的竞争对手信息输入ChatGPT中，并与模型进行对话。可以描述竞争对手的产品特点、功能、定价等方面，并询问ChatGPT对这些竞争对手的优势和劣势的意见。

（3）提取ChatGPT的回答：ChatGPT将会生成关于竞争对手的评析与建议。从ChatGPT的回答中提取有关竞争对手优势和劣势的信息，并将其整理到竞争分析矩阵中的相应单元格中。

（4）填写竞争分析矩阵：根据ChatGPT的回答和已经收集到的竞争对手信息，填写竞争分析矩阵的各个单元格。在每个竞争对手的行中，填写其产品特点、功能、定价及其相对于自己产品的优势和劣势。

（5）分析竞争优势和差距：通过观察竞争分析矩阵，分析竞争对手之间的差异及其相对于自己产品的优势和劣势。根据分析结果，评估自己产品在市场中的定位和差异化策略。

通过与ChatGPT的对话，可以获取模型的建议和观点，帮助产品经理更全面地理解竞争对手的优势和劣势，并为竞争分析矩阵的制作提供参考。记得对ChatGPT的回答进行审慎评估，结合其他信息进行综合分析，以确保竞争分析的准确性和可靠性。

3.1.5 案例2：使用ChatGPT制作在线商业学习平台竞品分析矩阵

本小节还以在线商业学习平台为例，介绍如何使用ChatGPT制作竞品分析矩阵。

动手示例

> **研究人员向ChatGPT发送如下请求消息。**
>
> 我们正在进行竞品分析，希望能够深入了解市面上的几大竞品，包括Coursera、Udacity和Udemy。我们想了解它们在产品特点、功能、定价、优势和劣势等方面的差异，以便评估我们与它们之间的竞争优势和差距。

> **ChatGPT的回答如下。**
>
> 好的，让我们开始分析这几个竞品。首先是Coursera，它是一个在线学习平台，提供大量的课程选择，涵盖了各种学科和领域。Coursera注重与知名大学和机构合作，以提供高质量的教育资源和认证证书。其优势在于学习资源丰富、知名度高，但定价相对较高，可能对一些用户来说价格不太亲民。

> 研究人员向ChatGPT发送如下请求消息。
>
> 非常准确，Coursera确实在学习资源的质量和认证方面有一定的优势，但定价可能成为一些用户的考虑因素。

> ChatGPT的回答如下。
>
> 接下来是Udacity，它也是一个在线学习平台，专注于技术领域和职业发展课程。Udacity与一些知名企业合作，提供与行业需求紧密对接的课程和项目。其优势在于职业导向、与行业合作伙伴的联系紧密，但课程选择相对较少，可能在其他学科领域上有一定的局限性。

> 研究人员向ChatGPT发送如下请求消息。
>
> 对，Udacity的职业导向确实是它的一个优势，但在课程范围方面可能会相对较窄。

> ChatGPT的回答如下。
>
> 最后是Udemy，它是一个开放的在线学习平台，拥有众多的教师和课程创作者，提供各种各样的课程选择。Udemy的优势在于课程丰富、灵活性高，用户可以根据自己的兴趣和需求选择合适的课程。然而，由于开放性的特点，课程质量和认证可能会有一定的差异。

> 研究人员向ChatGPT发送如下请求消息。
>
> 是的，Udemy的灵活性和课程选择确实是它的一大优势，但用户需要自行判断课程的质量和价值。

> ChatGPT的回答如下。
>
> 通过这样的竞品分析，你们可以看到每个竞品的优势和劣势，以及与你们产品之间的差距。这有助于你们更好地了解市场上的竞争格局，并制定相应的策略来突出你们的差异化优势。

> 研究人员向ChatGPT发送如下请求消息。
>
> 根据我们之前的对话，以及你所知道的信息，帮我制作竞品分析矩阵，返回Markdown表格。
>
> 我们的产品，信息如下。
>
> 功能：多样化的学习工具。价格：免费/付费。优势：提供丰富的学习工具，如交互式实验、测验和项目。劣势：竞争对手知名度较高。
>
> 竞争对手：Coursera、Udacity和Udemy。

ChatGPT 的回答如下。

下面是根据提供的信息制作的竞品分析矩阵的 Markdown 表格：

竞品	功能	价格	优势	劣势
我们的产品	多样化的学习工具	免费/付费	提供丰富的学习工具，如实验、测验和项目	竞争对手知名度较高
Coursera	丰富的学科选择，知名大学合作	相对较高	学习资源丰富，知名度高	定价较高，对某些用户不太亲民
Udacity	技术领域职业发展课程	适中	职业导向，行业合作伙伴联系紧密	课程选择相对较少，局限性较大
Udemy	丰富的课程选择	相对较低	课程丰富，灵活性高	开放性导致课程质量和认证差异较大

复制上述 Markdown 代码并保存为"在线平台竞品分析矩阵.md"文件，然后使用 Markdown 工具预览，效果如图 3-4 所示。

竞品	功能	价格	优势	劣势
我们的产品	多样化的学习工具	免费/付费	提供丰富的学习工具，如实验、测验和项目	竞争对手知名度较高
Coursera	丰富的学科选择，知名大学合作	相对较高	学习资源丰富，知名度高	定价较高，对某些用户不太亲民
Udacity	技术领域职业发展课程	适中	职业导向，行业合作伙伴联系紧密	课程选择相对较少，局限性较大
Udemy	丰富的课程选择	相对较低	课程丰富，灵活性高	开放性导致课程质量和认证差异较大

图 3-4　在线平台竞品分析矩阵

3.2　市场调研与用户洞察

市场调研与用户洞察对产品设计和产品成功也至关重要，主要体现在以下几个方面。

（1）市场调研可以帮助产品团队发现产品的市场机会和挖掘用户的需求，找到产品定位和确定目标用户群。这为产品设计提供了正确的方向。

（2）深入的用户洞察可以激发产品团队的创新灵感，设计出令人称赞的产品体验。真正理解用户的需求和痛点是设计优秀产品的基础。

（3）产品上市后，市场调研和用户反馈可以帮助产品团队验证产品假设，发现产品存在的问题并及时进行优化。这是不断提高产品体验的唯一途径。

（4）市场调研可以帮助产品团队跟踪监测产品的市场表现和竞争格局的变化。这有助于及时调整产品策略，避免被竞争对手超越。

（5）深入的用户洞察不仅可以减少产品失败的风险，还可以带来口碑推荐和重复购买，从而实现产品销量的快速增长。

综上，市场调研与用户洞察是产品成功的两翼。没有它们，产品团队就像"无头鸡"，难以设计出令用户喜爱的产品。产品团队需要定期进行市场调研与用户洞察，并且紧密结合产品设计与决策，这是设计优秀产品的唯一方法。

3.2.1 使用ChatGPT辅助进行市场调研与用户洞察

ChatGPT是一款人工智能聊天机器人，它可以作为一个有用的辅助工具来帮助产品经理进行市场调研与用户洞察。其主要的应用场景有以下几种。

（1）用户访谈。产品经理可以通过ChatGPT与目标用户进行模拟访谈，提出感兴趣的问题，听取用户的反馈与真实想法。这可以在一定程度上补充真人访谈。

（2）用户调查问卷。ChatGPT可以自动生成一系列市场调研的调查问卷，如需求调查问卷、满意度调查问卷等。产品经理只需要稍加修改和完善，就可以发布问卷收集用户反馈。这可以节省问卷制作的时间成本。

（3）用户画像。根据产品经理提供的条件和假设，ChatGPT可以自动地构建不同细分市场的用户画像。产品经理可以据此确定目标用户群和用户需求，以确定产品定位。

总体来说，ChatGPT可以成为产品经理高效的助手和合作伙伴。但产品经理仍需结合真人访谈和市场研究，避免完全依赖ChatGPT提供的信息与洞察。人工智能终究只是人工智能，真正的用户情感体验需要人来判断。

3.2.2 案例3：旅游App用户访谈

下面通过一个旅游App案例介绍一下如何使用ChatGPT辅助进行用户访谈。

使用ChatGPT辅助进行用户访谈可以从如下几个方面着手。

（1）提供初始访谈提纲：根据提供的目标用户描述，ChatGPT可以自动生成初始的用户访谈提纲，其中包括一系列感兴趣的问题。产品经理可以根据需要修改或增减这些问题，这可以减少创建访谈提纲的工作量。

（2）分析和总结：对话结束后，产品经理可以回顾对话内容，并进行分析和总结。注意提取重要信息、关键需求和潜在问题，以便在产品设计和改进中加以考虑。

案例背景

某旅游App上线了一些新功能，产品经理John想通过用户访谈，获得一些反馈信息。

第1步：让ChatGPT设计访问提纲。

产品经理John让ChatGPT提供访谈提纲。

第3章 ChatGPT辅助竞品分析与市场调研

动手示例

> **John向ChatGPT发送如下请求消息。**
>
> 我们的旅游App上线了一些新功能，我想通过用户访谈，获得一些反馈信息，帮我设计一个问题提纲。

> **ChatGPT的回答如下。**
>
> 好的，根据您提供的背景，这里是一个针对新功能的用户访谈问题提纲：
>
> 1. 您能介绍一下我们最近上线的新功能有哪些吗？您使用过其中的哪些功能？
> 2. 您最喜欢或最满意的新功能是什么？它带来了哪些新的体验或价值？
> 3. 您提到新功能使用体验还不错，但您觉得还需要进一步改进的地方有哪些？您有什么具体的优化建议吗？
> 4. 您认为除了现有的新功能外，我们App还需要添加哪些功能来满足您的需求或提高使用体验？
> 5. 您觉得我们上线的新功能和改进措施是否提高了您继续使用我们App的兴趣？为什么？
> 6. 您会不会打算向更多朋友推荐我们的App？如果会，推荐理由是什么？如果不会，原因是什么？
> 7. 您有没有其他关于我们App的意见或建议帮助我们继续改进？
> 8. 您是否还有其他需要我们解答或讨论的问题？

上述提纲涵盖新功能的使用体验、改进建议、推荐意愿及对App的其他意见等方面的内容。产品经理可以按照这个提纲与用户进行访谈，深入了解用户对新功能的实际看法与感受，这有助于进一步优化产品与提升用户体验。需要说明的是，这只是一个初始提纲，产品经理完全可以根据访谈过程中用户的反馈再适当添加或修改相关问题，重点是围绕新功能与用户体验展开深入探讨。

第2步：将文字提纲整理成Markdown表格。

这是大段的文字，表达不够清晰，产品经理John又让ChatGPT将提纲整理成Markdown表格。

> **John向ChatGPT发送如下请求消息。**
>
> 你帮我把提纲整理成Markdown表格。

> **ChatGPT的回答如下。**
>
> 这里是使用Markdown格式整理的用户访谈提纲：
>
> | 提问 | 问题 |

```
| :-: | :-: |
| 1 | 您能介绍一下我们最近上线的新功能有哪些吗？您使用过其中的哪些功能？ |
| 2 | 您最喜欢或最满意的新功能是什么？它带来了哪些新的体验或价值？ |
| 3 | 您提到新功能使用体验还不错，但您觉得还需要进一步改进的地方有哪些？您有什么具体的优化建议吗？ |
| 4 | 您认为除了现有的新功能外，我们App还需要添加哪些功能来满足您的需求或提高使用体验？ |
| 5 | 您觉得我们上线的新功能和改进措施是否提高了您继续使用我们App的兴趣？为什么？ |
| 6 | 您会不会打算向更多朋友推荐我们的App？如果会，推荐理由是什么？如果不会，原因是什么？ |
| 7 | 您有没有其他关于我们App的意见或建议帮助我们继续改进？ |
| 8 | 您是否还有其他需要我们解答或讨论的问题？ |
```

复制上述代码并保存为"用户访谈提纲.md"文件，然后再使用Markdown工具预览，结果如图3-5所示。

提问	问题
1	您能介绍一下我们最近上线的新功能有哪些吗？您使用过其中的哪些功能？
2	您最喜欢或最满意的新功能是什么？它带来了哪些新的体验或价值？
3	您提到新功能使用体验还不错，但您觉得还需要进一步改进的地方有哪些？您有什么具体的优化建议吗？
4	您认为除了现有的新功能外，我们App还需要添加哪些功能来满足您的需求或提高使用体验？
5	您觉得我们上线的新功能和改进措施是否提高了您继续使用我们App的兴趣？为什么？
6	您会不会打算向更多朋友推荐我们的App？如果会，推荐理由是什么？如果不会，原因是什么？
7	您有没有其他关于我们App的意见或建议帮助我们继续改进？
8	您是否还有其他需要我们解答或讨论的问题？

图 3-5　用户访谈提纲

图3-5所示的Markdown表格整理的提纲清晰明了，一目了然，产品经理可以直接在表格中记录用户的反馈或自己的观察结果。相比纯文本的提纲，表格形式更加直观系统，便于后续分析与整理。产品经理可以选择在表格中直接记录详细的反馈内容，也可以仅做简单标注，再另行记录详细回答。重点是要围绕提纲与用户的对话展开深入探讨，获得对新功能的真实看法与使用感受，从而进一步改进产品设计。

3.2.3　案例4：使用ChatGPT辅助设计用户调查问卷

在设计用户调查问卷时，ChatGPT可以提供帮助来设计问卷问题和选项。以下是一个示例问卷的设计过程。

（1）确定调查目的和受众。
- 确定希望了解的信息和调查的目的。
- 确定调查问卷的受众群体。

（2）设计调查问卷的问题。

- 使用ChatGPT来生成初始的调查问题列表。
- 考虑使用开放式问题和封闭式问题的组合。
- 确保问题简洁明了，不含有歧义，并覆盖所需的信息。

（3）选择合适的问卷题型。
- 根据问题类型选择适当的问卷题型，例如单选题、多选题、滑块题等。
- ChatGPT可以提供建议来选择适合的题型。

（4）设计选项和答案。
- 使用ChatGPT来生成问题选项和答案。
- 考虑提供明确的选项，并确保它们涵盖了受众可能的回答。

（5）验证问卷内容。
- 仔细检查问卷问题和选项的准确性和清晰度。
- 确保问题的顺序和逻辑性合理。

（6）进行预测试。
- 在问卷调查设计完成后，通过模拟ChatGPT或实际用户的反馈，识别和解决潜在问题，以确保问卷质量和有效性。
- 收集预测试反馈并进行必要的修改和改进。

（7）发布问卷。
- 将设计好的问卷发布到合适的平台或发送给目标受众。
- 设定适当的截止日期和隐私保护措施。

（8）收集和分析数据。
- 根据问卷收集到的数据进行分析和解读。
- 使用ChatGPT等工具来辅助数据分析和可视化。

（9）撰写报告和总结。
- 基于收集到的数据和分析结果，撰写问卷调查报告和总结。
- 在报告中提出结论、建议和改进建议。

以上是使用ChatGPT辅助用户进行调查问卷的基本步骤。记住，ChatGPT可以提供问题和选项的建议，但最终的问卷设计和内容应该经过人工的仔细审查和修改，以确保准确性和适应性。

下面以设计一个关于旅游App的调查问卷为例，介绍一下如何使用ChatGPT辅助进行用户问卷调查。具体步骤如下。

第1步：生成问卷。

动手示例

> 👤 **John向ChatGPT发送如下请求消息。**
>
> 我想使用ChatGPT辅助设计一个旅游App的调查问卷，可以帮我吗？

ChatGPT 的回答如下。
当然可以！请告诉我您希望了解的具体内容和问题。

John 向 ChatGPT 发送如下请求消息。
首先，我想了解用户对我们的旅游 App 的整体满意度及对各个功能的评价。

ChatGPT 的回答如下。
明白了。我们可以设计一个关于用户满意度和功能评价的多项选择题。您希望包括哪些功能方面的评价？

John 向 ChatGPT 发送如下请求消息。
我们的 App 有旅游目的地搜索、行程规划、酒店预订和景点推荐等功能，我希望用户能对这些功能进行评价。

ChatGPT 的回答如下。
好的，我们可以为每个功能设计一个评价问题。还有其他方面的评价需要添加吗？

John 向 ChatGPT 发送如下请求消息。
我还希望了解用户对 App 的界面设计、用户体验和客户支持等方面的评价。

ChatGPT 的回答如下。
非常好。我们可以添加界面设计、用户体验和客户支持的评价问题。还有其他方面的问题需要添加吗？

John 向 ChatGPT 发送如下请求消息。
目前这些就可以了。

ChatGPT 的回答如下。
明白了，我将为您设计以上问题，并生成调查问卷。稍后我会提供给您问卷的 Markdown 代码，您可以使用该代码创建问卷。

> **John 向 ChatGPT 发送如下请求消息。**
> 谢谢！我期待问卷的生成。

ChatGPT 的回答如下。
不客气！我会尽快为您生成问卷，并提供 Markdown 代码，请稍等片刻。

几分钟后返回如下结果。

ChatGPT 的回答如下。
问卷已生成，这是问卷的 Markdown 代码：

［问题 1：用户满意度］
- 非常满意
- 满意
- 一般
- 不满意
- 非常不满意

［问题 2：旅游目的地搜索功能评价］
- 非常好
- 好
- 一般
- 差
- 非常差

［问题 3：行程规划功能评价］
- 非常好
- 好
- 一般
- 差
- 非常差

［问题 4：酒店预订功能评价］
- 非常好
- 好
- 一般
- 差
- 非常差

［问题 5：景点推荐功能评价］

- 非常好
- 好
- 一般
- 差
- 非常差

[问题6：界面设计评价]
- 非常好
- 好
- 一般
- 差
- 非常差

[问题7：用户体验评价]
- 非常好
- 好
- 一般
- 差
- 非常差

[问题8：客户支持评价]
- 非常好
- 好
- 一般
- 差
- 非常差

复制上述Markdown代码并保存为"用户调查问卷.md"文件，使用Markdown工具预览，效果如图3-6所示。

第2步：统计问卷数据。

问卷发放后统计，问卷调查结果如下。

用户满意度：

非常满意：20%

满意：50%

一般：20%

不满意：5%

非常不满意：5%

旅游目的地搜索功能评价：

非常好：30%

好：40%

一般：20%

差：5%

非常差：5%

行程规划功能评价：

非常好：25%

好：35%

一般：25%

差：10%

非常差：5%

酒店预订功能评价：

非常好：15%

好：35%

一般：30%

差：15%

非常差：5%

景点推荐功能评价：

非常好：20%

好：40%

一般：30%

差：5%

非常差：5%

界面设计评价：

非常好：25%

好：40%

一般：25%

差：5%

非常差：5%

用户体验评价：

非常好：30%

好：40%

一般：20%

差：5%

非常差：5%

客户支持评价：

非常好：20%

图 3-6　用户调查问卷（部分）

好：45%
一般：25%
差：5%
非常差：5%

产品经理John将上述数据发送给ChatGPT，让ChatGPT帮助进行统计。

动手示例

> **John 向 ChatGPT 发送如下请求消息。**
>
> 有如下调查结果，帮我进行统计，返回Markdown表格。
> 问卷调查结果：
>
> 用户满意度：
> 非常满意：20%
> 满意：50%
> 一般：20%
> 不满意：5%
> 非常不满意：5%
>
> 旅游目的地搜索功能评价：
> 非常好：30%
> 好：40%
> 一般：20%
> 差：5%
> 非常差：5%
>
> 行程规划功能评价：
> 非常好：25%
> 好：35%
> 一般：25%
> 差：10%
> 非常差：5%
>
> 酒店预订功能评价：
> 非常好：15%

好：35%
一般：30%
差：15%
非常差：5%

景点推荐功能评价：
非常好：20%
好：40%
一般：30%
差：5%
非常差：5%

界面设计评价：
非常好：25%
好：40%
一般：25%
差：5%
非常差：5%

用户体验评价：
非常好：30%
好：40%
一般：20%
差：5%
非常差：5%

客户支持评价：
非常好：20%
好：45%
一般：25%
差：5%
非常差：5%

ChatGPT 的回答如下。

根据您提供的问卷调查结果，我将为您生成 Markdown 表格来展示统计数据：

```
| 调查项目 | 非常好 | 好 | 一般 | 差 | 非常差 |
| :-: | :-: | :-: | :-: | :-: | :-: |
| 用户满意度 | 20% | 50% | 20% | 5% | 5% |
| 旅游目的地搜索功能评价 | 30% | 40% | 20% | 5% | 5% |
| 行程规划功能评价 | 25% | 35% | 25% | 10% | 5% |
| 酒店预订功能评价 | 15% | 35% | 30% | 15% | 5% |
| 景点推荐功能评价 | 20% | 40% | 30% | 5% | 5% |
| 界面设计评价 | 25% | 40% | 25% | 5% | 5% |
| 用户体验评价 | 30% | 40% | 20% | 5% | 5% |
| 客户支持评价 | 20% | 45% | 25% | 5% | 5% |
```

复制上述Markdown代码并保存为“用户调查统计.md”文件，使用Markdown工具预览，效果如图3-7所示。

调查项目	非常好	好	一般	差	非常差
用户满意度	20%	50%	20%	5%	5%
旅游目的地搜索功能评价	30%	40%	20%	5%	5%
行程规划功能评价	25%	35%	25%	10%	5%
酒店预订功能评价	15%	35%	30%	15%	5%
景点推荐功能评价	20%	40%	30%	5%	5%
界面设计评价	25%	40%	25%	5%	5%
用户体验评价	30%	40%	20%	5%	5%
客户支持评价	20%	45%	25%	5%	5%

图3-7　用户调查统计

从图3-7所示的统计表格中，能快速得出以下主要结论。

（1）“用户满意度”比较高，70%的受访者选择“满意”或“非常满意”。积极的评价居多。

（2）在各项功能评价中，“旅游目的地搜索”与“景点推荐”功能的好评度最高，均有70%选择“好”或“非常好”。这些功能值得继续保留与加强。

（3）“行程规划”与“酒店预订”的评价稍微欠佳，有较高比例的“一般”与“差”评价，这两个功能需要进一步改进。

（4）对“界面设计”与“用户体验”的好评度也比较高，这显示产品在用户体验方面做得较好。

（5）受访者对“客户支持”的评价也比较积极，有65%选择“好”或“非常好”。客户服务质量较高。

综上，整体而言这似乎是一份比较正面的用户调查报告。但也存在可以改进的空间，如对“行程规划”与“酒店预订”功能进行进一步优化。如果要深入分析，也需考虑开放式反馈与其他定性研究数据。

第3步：分析与报告。

产品经理John想对图3-7所示的统计结果进行分析，图表是非常不错的表现工具。对图3-7

所示的统计结果进行图表分析，由于有多个模块需要表现，所以可以选择雷达图，将不同功能模块的好评度放入雷达图进行综合评价，观察是否存在评价不均衡的功能，并判断产品的优势和改进方向。

绘制雷达图可以通过编程方式实现，也可以通过非编程方式实现。下面重点介绍通过非编程方式实现。

首先，将上述Markdown表格转换成为CSV表格。

动手示例

> 🧑 **John向ChatGPT发送如下请求消息。**
>
> 将如下Markdown表格转换成为CSV表格。
>
> | 调查项目 | 非常好 | 好 | 一般 | 差 | 非常差 |
> | :-: | :-: | :-: | :-: | :-: | :-: |
> | 用户满意度 | 20% | 50% | 20% | 5% | 5% |
> | 旅游目的地搜索功能评价 | 30% | 40% | 20% | 5% | 5% |
> | 行程规划功能评价 | 25% | 35% | 25% | 10% | 5% |
> | 酒店预订功能评价 | 15% | 35% | 30% | 15% | 5% |
> | 景点推荐功能评价 | 20% | 40% | 30% | 5% | 5% |
> | 界面设计评价 | 25% | 40% | 25% | 5% | 5% |
> | 用户体验评价 | 30% | 40% | 20% | 5% | 5% |
> | 客户支持评价 | 20% | 45% | 25% | 5% | 5% |

> 🤖 **ChatGPT的回答如下。**
>
> 这里是将Markdown表格转换成CSV（逗号分隔值）格式的结果：
>
> 调查项目,非常好,好,一般,差,非常差
> 用户满意度,20%,50%,20%,5%,5%
> 旅游目的地搜索功能评价,30%,40%,20%,5%,5%
> 行程规划功能评价,25%,35%,25%,10%,5%
> 酒店预订功能评价,15%,35%,30%,15%,5%
> 景点推荐功能评价,20%,40%,30%,5%,5%
> 界面设计评价,25%,40%,25%,5%,5%
> 用户体验评价,30%,40%,20%,5%,5%
> 客户支持评价,20%,45%,25%,5%,5%

复制上述的CSV代码并保存为"用户调查统计.csv"文件，然后将CSV文件转换为Excel文件，如图3-8所示。

图 3-8　用户调查统计（Excel 格式）

接着，参考 2.5.1 小节相关内容，将 Excel 表格转换成图表，在"插入图表"对话框中选择"雷达图"，如图 3-9 所示。最后获得的雷达图效果如图 3-10 所示。

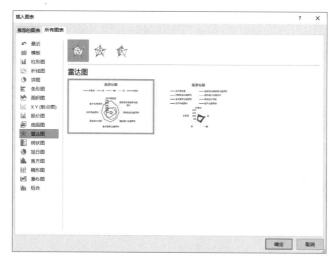

图 3-9　选择雷达图

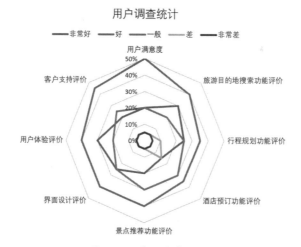

图 3-10　最后的雷达图效果

3.3 用户画像

用户画像是产品经理和运营者了解用户的重要手段，它可以帮助企业制定针对性的产品策略和运营方案。

3.3.1 使用ChatGPT辅助创建用户画像

使用ChatGPT辅助完成用户画像的主要步骤如下。

（1）收集用户属性数据和行为数据。这为理解用户与划分用户群体打下基础。

（2）分析用户意见反馈，识别影响用户体验的关键因素。这可以帮助理解不同用户的真实需求与看法。

（3）与ChatGPT交流并提出不同的用户画像假设。例如，针对年龄、职业或消费能力等属性提出初步用户群划分。ChatGPT可以在此过程中提出数据理解的建议与可能的假设方向。

（4）在假设与数据间进行反复检验与修正。这可以提高画像的准确性与可信度，ChatGPT同样可以在此过程中提供修正意见。

（5）根据检验结果识别主要用户群体并创建详细画像，其中包括人口特征、兴趣、产品使用和消费能力等内容。这为产品策略的制定提供依据。

3.3.2 案例5：使用ChatGPT辅助智能旅游App用户画像

这里以智能旅游App为例，说明如何使用ChatGPT辅助创建用户画像。

（1）收集用户属性数据。通过注册登录、下单等途径收集用户的年龄、职业、收入水平、婚姻状况、居住地点等属性信息和特征。根据这些量化指标可以初步划分用户群体。

（2）分析用户行为数据。跟踪用户的产品浏览、点评、下单、消费等详细行为数据，识别用户的兴趣偏好、使用习惯和消费能力等信息。这可以进一步了解不同用户群的需求和习性。

（3）理解用户意见反馈。收集App内用户评论、客服反馈、社交评价等用户意见，分析用户反馈的话题、观点和情感倾向。这可以发现影响用户体验的关键因素，理解不同用户的真实需求与看法。

（4）ChatGPT辅助提出假设。根据已有数据与分析，与ChatGPT交流并提出不同的用户画像假设，举例如下。

- 面向"低成本游"的学生用户群：18～25岁，低收入，注重价格与体验性价比。
- 面向"深度体验"的白领用户群：30～45岁，中高收入，有较高消费能力，注重个性化与高品质体验。
- 面向"轻松休闲"的家庭用户群：已婚，小有收入，更注重方便性与身边游产品，以家庭出游为主。

然后在假设与数据间进行反复检验与修正，进一步提高画像的准确性与可信度。ChatGPT可以在这一反复过程中提供数据解读的建议与可能的修正方向。

综上，在用户画像的制定过程中，ChatGPT 可以为数据分析与理解提供辅助。它的主要作用是在数据理解的基础上，帮助提出不同的用户画像假设，并在假设与数据间反复检验与修正，进而识别出产品的主要用户群与制定详细画像。但最终画像的准确性还需要研究人员来判断与决策。

案例背景

产品经理 John 想使用 ChatGPT 对智能旅游 App 进行用户画像。

动手示例

> **John 向 ChatGPT 发送如下请求消息。**
> 我正在开发一款智能旅游 App，想利用 ChatGPT 来辅助完成用户画像，你能帮助我吗？

> **ChatGPT 的回答如下。**
> 当然可以！我很愿意帮助你完成用户画像。请告诉我你已经收集到的用户数据和想要了解的方面。

> **John 向 ChatGPT 发送如下请求消息。**
> 我已经收集了用户的年龄、性别、职业、收入水平、婚姻状况和居住地点等属性信息。我想通过这些数据了解不同用户群体的特点和需求。

> **ChatGPT 的回答如下。**
> 那么首先让我们来分析用户的年龄段和职业分布。可以提供一些关于用户年龄和职业的统计数据吗？

> **John 向 ChatGPT 发送如下请求消息。**
> 当然，我有这些数据。年龄分布如下：18~25 岁占 30%，26~35 岁占 40%，36~45 岁占 20%，46 岁及以上占 10%。职业分布如下：学生占 25%，白领占 50%，其他职业占 25%。

> **ChatGPT 的回答如下。**
> 非常感谢！根据这些数据，我们可以初步将用户分为不同的群体。例如，18~25 岁的学生群体可能对价格敏感并注重性价比，而 26~35 岁的白领群体可能有较高的消费能力且注重个性化和高品质体验。对于 36~45 岁的群体，他们可能更注重家庭出游和方便性。这些是初步的用户画像假设，你对这些想法有什么看法吗？

> **John 向 ChatGPT 发送如下请求消息。**
>
> 我觉得你的分析很准确，这些用户画像假设与我对不同年龄段和职业的用户的理解是一致的。

> **ChatGPT 的回答如下。**
>
> 非常好！接下来，我们可以进一步分析用户的消费能力和兴趣偏好。你是否有关于用户消费行为和兴趣的数据？

> **John 向 ChatGPT 发送如下请求消息。**
>
> 是的，我收集了用户的产品浏览记录、下单记录和用户点评等数据。这些数据可以帮助我们了解用户的消费能力和偏好。

> **ChatGPT 的回答如下。**
>
> 那么让我们来看一下用户的消费能力和兴趣偏好。请提供一些关于用户消费能力和兴趣偏好的统计数据。

> **John 向 ChatGPT 发送如下请求消息。**
>
> 用户的消费能力分布如下：低收入占 20%，中等收入占 50%，高收入占 30%。而在兴趣偏好方面，我们发现用户对旅游目的地的搜索功能评价占比最高，其次是行程规划功能评价。

> **ChatGPT 的回答如下。**
>
> 这些数据非常有价值！根据消费能力和兴趣偏好的数据，我们可以进一步细化用户画像。例如，低收入群体可能更注重价格和性价比，中等收入群体可能在旅游方面有一定的消费能力，而高收入群体可能更注重个性化和高品质的体验。你认为这些用户画像假设符合实际吗？

> **John 向 ChatGPT 发送如下请求消息。**
>
> 我同意你的观点。这些用户画像假设对于我们设计个性化的推荐算法和优化用户体验非常有帮助。

> **ChatGPT 的回答如下。**
>
> 非常好！我们已经初步得到了不同用户群体的画像假设。接下来，我们可以进一步验证和修正这些画像假设，以提高画像的准确性和可信度。你是否还有其他数据或想要讨论的方面？

> **John 向 ChatGPT 发送如下请求消息。**
>
> 想了解用户的意见反馈和评论，以及他们对 App 的满意度和改进建议。

> **ChatGPT 的回答如下。**
>
> 非常好！收集用户的意见反馈和评论是非常重要的。请提供一些用户意见反馈和评论的样本数据，我们可以一起分析用户的关键关注点和情感倾向。

> **John 向 ChatGPT 发送如下请求消息。**
>
> 这是一些用户的意见反馈和评论样本：
>
> "App 的界面设计很好，非常直观和易于使用。但是酒店预订功能有些烦琐，希望能简化流程。"
>
> "景点推荐功能很棒，给了我很多新的旅行灵感。但是有时候搜索结果不够准确，希望能提供更精准的推荐。"
>
> "客户支持非常周到和耐心，每次遇到问题都能及时解决。但是行程规划功能有时候会出错，需要改进。"

> **ChatGPT 的回答如下。**
>
> 谢谢你提供的样本数据！通过分析这些意见反馈和评论，我们可以了解用户对 App 不同方面的看法和需求。这些反馈可以帮助我们进一步优化酒店预订功能、景点推荐功能和行程规划功能，以提升用户体验和满意度。

> **John 向 ChatGPT 发送如下请求消息。**
>
> 非常感谢你的帮助！通过与 ChatGPT 的交互对话，我对用户画像的建立有了更清晰的认识。我现在可以根据不同用户群体的特点来设计更好的产品和服务了。

> **ChatGPT 的回答如下。**
>
> 很高兴能帮助你！用户画像的建立对于产品设计和运营非常重要，希望这个过程对你有所帮助。如果你还有其他问题或需要进一步的讨论，请随时告诉我。

> **John 向 ChatGPT 发送如下请求消息。**
>
> 谢谢！我会继续努力完善用户画像，并根据用户需求来改进我们的智能旅游 App。如果有需要，我会再次寻求你的帮助。

> **ChatGPT 的回答如下。**
> 非常好！祝你的智能旅游 App 取得成功。如果需要任何帮助，随时来找我！祝你好运！

3.4 产品定位与差异化策略

在产品定位与差异化策略方面，有几个关键的步骤和考虑因素可以帮助产品经理明确产品的定位，并与竞争对手形成差异化，具体如下。

（1）目标市场分析：了解目标市场的需求、特点和趋势。确定目标用户群体，包括其特征、喜好、行为习惯等。

（2）价值主张：确定产品的核心价值，即产品解决的问题、提供的价值和用户获得的好处。明确产品的独特卖点和优势。

（3）定位陈述：根据目标市场和产品的核心价值，制定清晰的定位陈述，即产品在用户心目中的位置和价值主张。这是产品定位的核心。

（4）差异化策略：根据市场需求和竞争对手分析，制定差异化策略，使产品在市场中与竞争对手区分开来。这包括产品特性、用户体验、定价策略、市场定位等方面的差异化。

最终，产品定位和差异化策略的目标是在目标市场中建立独特的地位，满足用户需求，并与竞争对手形成明显的差异。这将有助于提升产品的市场竞争力和用户认可度。

3.4.1 使用ChatGPT辅助产品定位与差异化策略

在产品定位与差异化策略研究中，ChatGPT可以在以下几个方面发挥重要的辅助作用。

（1）帮助理解目标市场与用户需求。研究人员可以与ChatGPT分享有关目标市场与用户的调研数据与报告，供其进行解读与分析。ChatGPT可以提出研究人员未注意到的市场细节或用户需求，帮助理解市场与用户群体的全貌。这为确定准确的产品定位与差异化策略打下基础。

（2）分析竞品与定位，判断市场空白。研究人员同样可以向ChatGPT描述竞品与定位的相关信息。ChatGPT可以比较不同竞品的产品特点与用户价值，并判断市场中的空白或机会点，这为产品的定位选择与差异化方案的制定提供方向。

（3）建议与评估产品定位选项。研究人员可以直接向ChatGPT提出不同的产品定位选项，ChatGPT可以从优势、劣势与市场适应度等角度对每个选项进行分析与判断，并提供其他可选定位。这有助于研究人员从更加全面的角度考量各选项，做出最优的定位选择。

（4）提出差异化策略并判断实施难易度。研究人员可在交流中向ChatGPT描述不同的差异化策略选项，ChatGPT可以分析每个策略选择的优势、难点与资源依赖情况，并判断实施难易度及预期效果。这为差异化策略的选择与优化提供重要参考。

3.4.2 案例6：出行App产品定位与差异化规划

本小节以出行App为例，探讨ChatGPT在产品定位与差异化规划中的具体应用。

案例背景：某出行平台希望对其App产品进行定位与差异化规划，以便更好地满足目标用户需求和确定市场定位。研究人员已进行过市场调研与竞品分析，现有定位选项如下。

A. 快速出行：侧重快捷、高效的出行体验，面向工作繁忙的白领用户。

B. 舒适出行：侧重舒适、安心的出行体验，面向休闲用户。

C. 文化出行：兼具出行与文化体验，面向追求新奇体验的年轻用户。

研究人员首先将选项与市场研究信息向ChatGPT进行描述，听取其对各选项的评析与建议。

动手示例

> **研究人员向ChatGPT发送如下请求消息。**
>
> 我们希望对我们的出行App产品进行定位与差异化规划，以满足不同用户的需求和市场定位。根据我们的市场调研和竞品分析，我们有以下三个选项供选择。
>
> A. 快速出行：我们将侧重于提供快捷、高效的出行体验，主要面向工作繁忙的白领用户。
>
> B. 舒适出行：我们将侧重于提供舒适、安心的出行体验，主要面向休闲用户。
>
> C. 文化出行：我们将兼具出行和文化体验，主要面向追求新奇体验的年轻用户。
>
> 我们希望借助ChatGPT的智能辅助来获得对这些选项的评析和建议。请问ChatGPT对于这些定位选项有什么评价和建议？

> **ChatGPT的回答如下。**
>
> 根据您提供的定位选项，我可以为您进行评析和建议。请注意，以下观点仅供参考，最终的决策应结合您的市场研究和业务需求做出。
>
> A. 快速出行：侧重快捷、高效出行体验，面向工作繁忙的白领用户。
>
> 这个选项对于那些时间紧迫的用户来说可能非常吸引人，特别是在城市中工作繁忙的白领群体。
>
> 建议在市中心区域提供更多的交通选择，例如租赁自行车或电动滑板车，以便用户能够更快捷地到达目的地。
>
> 可以提供智能路线规划功能，帮助用户选择最快速的交通方式和路线。
>
> B. 舒适出行：侧重舒适、安心的出行体验，面向休闲用户。
>
> 这个选项对于那些注重舒适和安全的用户可能更具吸引力，尤其是旅游和休闲出行的用户。
>
> 建议提供高端车型的租赁服务，以及专属的司机服务，以提供更舒适和便利的出行体验。
>
> 可以在应用中提供车辆评级和用户评价，帮助用户选择最符合舒适要求的车辆。
>
> C. 文化出行：兼具出行与文化体验，面向追求新奇体验的年轻用户。

这个选项可以吸引那些喜欢融入当地文化和探索新奇体验的年轻用户。

建议提供个性化的旅行推荐，包括当地文化活动、景点推荐和特色体验。

可以与当地导游和文化组织合作，提供专属的文化体验行程和活动。

综上，每个选项都有其独特的定位和目标用户群体。您可以根据市场研究数据和业务需求来评估每个选项的潜力，并结合ChatGPT的建议进行决策。同时，您还可以考虑将不同的定位元素进行组合或进一步细分目标用户群体，以获得更精确的定位和差异化策略。

3.5 本章总结

本章主要介绍了如何利用ChatGPT辅助进行竞品分析与市场调研。首先介绍了竞品分析的重要性，并探讨了ChatGPT在竞品分析中的应用。通过案例演示了如何使用ChatGPT进行在线商业学习平台竞品分析，并介绍了竞争分析矩阵及如何使用ChatGPT辅助制作竞争分析矩阵。

接着，介绍了市场调研与用户洞察的过程，并讨论了如何使用ChatGPT辅助进行市场调研和用户洞察。通过案例展示了如何使用ChatGPT进行旅游App用户访谈和用户调查问卷的设计。

在用户画像方面，探讨了使用ChatGPT辅助生成用户画像的方法，并通过案例展示了如何使用ChatGPT辅助智能旅游App用户画像的创建。

最后，讨论了产品定位与差异化策略，并探讨了ChatGPT在产品定位和差异化规划中的应用。通过案例展示了如何利用ChatGPT辅助进行出行App产品的定位和差异化规划。

综上，本章详细介绍了如何使用ChatGPT辅助进行竞品分析与市场调研，包括竞品分析矩阵、市场调研、用户洞察和用户画像的创建。ChatGPT的应用使竞品分析和市场调研更加高效和准确，通过与ChatGPT的交互可以获得个性化的洞察和建议，帮助产品经理制定产品定位和差异化策略，提升产品的竞争力和市场适应性。

第 4 章

ChatGPT 辅助产品需求管理

在产品需求管理中，ChatGPT可以发挥辅助作用，提供以下方面的支持。

（1）需求收集和整理：ChatGPT可以与用户进行对话，帮助收集和整理产品需求。它可以提出相关问题，引导用户详细描述需求，以及协助整理和分类收集到的需求信息。

（2）需求评估和优化：ChatGPT可以分析和评估不同需求的可行性和优先级。基于之前的数据和经验，它可以提供建议，帮助团队确定哪些需求具有更高的价值和更强的紧迫性。

（3）需求细化和澄清：ChatGPT可以与团队成员和利益相关者进行对话，帮助澄清需求的细节和目标。它可以提出相关问题，促进讨论和思考，确保需求描述准确清晰，避免模糊或矛盾的情况。

（4）需求变更管理：当需求发生变更时，ChatGPT可以协助团队进行变更管理。它可以分析变更的影响和可行性，并提供建议和解决方案，以便团队做出明智的决策。

（5）需求追踪和沟通：ChatGPT可以记录需求的状态、进展和变更，并与团队成员进行及时的沟通。它可以提供更新的信息和提醒，确保团队始终了解需求的最新状态和进度。

需要注意的是，ChatGPT作为一个辅助工具，其建议和意见应该与人工的判断和决策相结合。它可以提供初步的洞察和建议，但最终的需求决策应该由团队成员和利益相关者共同讨论和决定。同时，ChatGPT的使用应遵循适当的数据保护和隐私原则，确保用户数据和敏感信息的安全。

4.1 使用ChatGPT辅助收集产品需求

在需求收集阶段，ChatGPT可以协助设计者完成采访问题设计、自动记录和整理访谈内容、汇总问卷调查结果及需求整理和归纳等任务。具体而言，ChatGPT可以实现以下几个方面的功能。

（1）协助采访问题设计：设计者描述访谈主题和目的，ChatGPT可以推荐一系列采访提问或问卷题目，供设计者选择和调整使用。这可以省去人工独立设计所有提问内容的工作量。

（2）自动记录和整理访谈内容：设计者进行现场访谈时，可以将访谈录音或笔记与ChatGPT共享，ChatGPT使用NLP（自然语言处理）技术自动理解和提取访谈中涉及的需求信息，生成规范的需求列表，便于后续审阅和确认。这简化了手工逐条记录和提取需求的难度。

（3）汇总问卷调查结果：设计者设置网上问卷后，提交问卷记录会实时呈现在ChatGPT中。ChatGPT可以自动分析问题结果，识别出主要的需求趋势和热点，生成清晰的需求报告，辅助设计者快速了解问卷反馈的需求信息。这提高了问卷数据分析的效率和质量。

（4）需求整理和归纳：设计者在收集到初步需求信息后，可以上传至ChatGPT。ChatGPT自动对需求信息进行过滤、分类、归纳和优先级划分，生成一份清晰、规范的需求列表，以供设计者审阅和确认。这缩短了人工梳理大量需求信息的时间，增加了需求管理的准确性。

综上，ChatGPT作为一种有力的辅助工具，能够自动完成部分需求信息的采集、分析与管理工作，生成清晰的需求列表，辅助设计者快速审阅与确认需求，提高了需求收集的质量和效率。但最终的需求确认仍需要人工判断，在此阶段人机协作模式发挥了重要作用。

4.1.1 案例1：协助运动管理App采访提问设计

下面以协助某运动管理App采访提问设计为例，介绍如何使用ChatGPT帮助我们完成产品需求收集。

动手示例

> **产品经理向ChatGPT发送如下请求消息。**
> 我们要访谈潜在用户，了解他们对公司新运动管理App的需求。请为访谈推荐一系列提问。

> **ChatGPT的回答如下。**
> 以下是一些可能的问题，可供参考：
> （1）您目前是否使用任何运动管理App？如果有，请分享您最喜欢和最不喜欢的功能。
> （2）对于一个全新的运动管理App，您最希望它能够提供哪些功能和服务？
> （3）您通常需要哪些数据来衡量您的运动表现和进步？例如，步数、卡路里消耗、心率、睡眠质量等。
> （4）你觉得运动管理App对身体健康有哪些积极作用？
> （5）您是否愿意与其他用户互动、分享您的运动历程和成果，并从中获得社交支持和鼓励？
> （6）您觉得App应该如何提供个性化推荐和建议，以适应您的运动习惯和偏好？
> （7）在界面设计方面，您更喜欢简约清晰的风格还是华丽多彩的风格？
> （8）如果该App可以将您的运动数据自动同步到其他健身设备（如智能手环、跑步机等）上，您会选择使用吗？
> （9）对于这种类型的App，您支持采用哪些方式获取收入？例如广告、订阅、数据销售等。
> （10）您认为该App在保护用户隐私方面应该采取哪些措施？例如，匿名化数据、加密通信等。

这些问题可以帮助设计者了解潜在用户对运动管理App的需求和期望，为后续的需求分析和产品设计提供参考。同时，设计者还可以根据实际情况调整和增减问题，以满足特定需求。

4.1.2 案例2：汇总运动管理App问卷调查结果

下面再来介绍一个案例。

动手示例

> **产品经理向ChatGPT发送如下请求消息。**
> 我们针对公司新运动管理App设置了网上问卷，已经收到200份问卷反馈。请分析问卷

结果并生成需求报告。

ChatGPT 的回答如下。

好的，请将 200 份问卷反馈数据提供给我。我将自动分析问题结果，识别需求趋势与热点，并生成清晰的需求报告，供设计者确认。

在系统生成分析报告过程中，设计者需要将问卷数据发送给 ChatGPT，包括每道题目的选项分布与用户回答搭配情况等。ChatGPT 将自动分类整理数据，生成清晰易读的报告供设计者下载与使用，这个过程不再赘述。

可见使用 ChatGPT 有效减轻了设计者手工输入、分类与汇总海量问卷数据的难度，提高并加速了问卷结果分析的效率。但报告结果的准确性与可靠性仍需设计者判断与验证。

4.1.3 汇总问卷调查结果使用图表

对于汇总的问卷调查结果，可以使用各种图表来帮助分析和呈现数据。以下是一些常见的图表类型。

（1）柱状图：适合表示不同选项的选择频率或得分情况。例如，可以用柱状图呈现每个选项的选择人数或占比。

（2）饼图：适合表示各类选项的相对比例。例如，在多选题中，可以用饼图呈现每个选项的选择人数或占比。

（3）折线图：适合表示随时间变化的趋势。例如，在满意度调查中，可以用折线图呈现不同时间点的满意度得分情况。

（4）热力图：适合表示多维度数据之间的相关性和关系。例如，在对产品进行评价时，可以将不同项目的满意度等多个指标用热力图呈现，以便快速了解它们之间的相关性和影响。

（5）散点图：适合表示两个变量之间的关系。例如，在评估用户对某个产品的使用体验时，可以将用户评分和使用时间用散点图表示出来，以便发现它们之间的相关性和规律。

根据实际情况，可以选择最适合的图表类型，并通过可视化的方式呈现调查结果，以便更好地理解和分析数据。同时，在设计图表时还需要注意数据的准确性、完整性和可读性，并遵循数据可视化的基本原则。

4.1.4 案例3：将运动管理App问卷调查结果绘制成饼图

接下来，我们通过一个案例介绍如何利用具体的调查结果制作饼图。假设 4.1.2 小节的调查结果如图 4-1 所示。

结果	人数	占比
是(使用运动App)	152人	76%
否(不使用运动App)	48人	24%
总人数	200人	100%

图 4-1　运动管理App汇总问卷调查结果

返回的Markdown代码如下。

```
| 结果 | 人数 | 占比 |
| :---------------: | :---: | :--: |
| 是（使用运动App） | 152人 | 76% |
| 否（不使用运动App）| 48人  | 24% |
| 总人数            | 200人 | 100% |
```

为了将上述表格导入Excel，我们需要先将这个Markdown表格转换成CSV格式。

> **我们向ChatGPT发送如下请求消息。**
>
> 请将如下的Markdown表格转换为CSV表格：
> ```
> | 结果 | 人数 | 占比 |
> | :---------------: | :---: | :--: |
> | 是（使用运动App） | 152人 | 76% |
> | 否（不使用运动App）| 48人  | 24% |
> | 总人数            | 200人 | 100% |
> ```

> **ChatGPT的回答如下。**
>
> 以下是将Markdown表格转换为CSV表格的结果：
> 结果,人数,占比
> 是(使用运动App),152人,76%
> 否(不使用运动App),48人,24%
> 总人数,200人,100%

我们将上述CSV表格文本复制出来，并保存成CSV文件，然后用Excel打开，如图4-2所示。只选中"结果"和"占比"列，另外，"总人数"行不要选中，然后参考3.1.2小节相关内容绘制饼图，如图4-3所示，读者可以在这里改变图表的样式，具体过程不再赘述。最后笔者生成的饼图如图4-4所示。

	A	B	C
1	结果	人数	占比
2	是(使用运动App)	152人	76%
3	否(不使用运动App)	48人	24%
4	总人数	200人	100%

图 4-2　选中数据

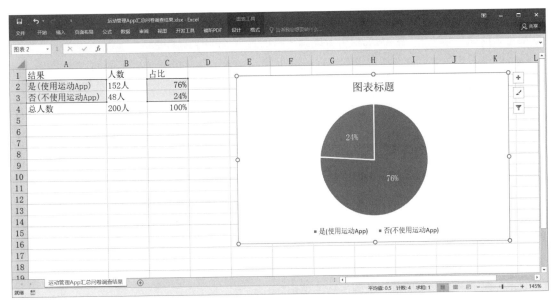

图 4-3 生成饼图

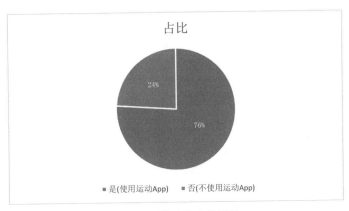

图 4-4 最后生成的饼图

4.2 产品需求矩阵

产品需求矩阵是一种工具,用于整理和分析产品需求,并帮助产品团队识别和优先排序不同需求之间的重要性,以指导产品规划和决策。

以下是创建产品需求矩阵的主要步骤。

(1)收集产品需求:通过市场调研、用户反馈、竞品分析等方式,收集产品需求的信息。这可以包括功能需求、性能需求、用户体验需求等方面。

(2)细化产品需求:将收集到的产品需求进行分类和细化,确保准确地描述每个需求,并将其转化为具体的产品规格和功能要求。

（3）确定需求特点：了解产品的特点和特征，如目标市场、用户群体、竞争对手等。这有助于更好地理解产品需求，并在产品规划中考虑到产品的特点。

（4）创建需求矩阵：将产品需求整理成矩阵形式。通常，矩阵的行代表不同的产品需求，列代表产品的特点或功能模块。

（5）评估需求重要性：根据市场需求、用户反馈、产品策略等，评估每个产品需求的重要性和优先级。可以使用不同的评估方法，如定性评估或定量评估。

（6）排序产品需求：根据需求的重要性和优先级，对需求矩阵进行排序。这将帮助产品团队确定哪些需求是关键需求，应优先考虑在产品规划和开发中实现。

产品需求矩阵可以以表格或矩阵形式呈现，其中行代表不同的产品需求，列代表产品的特点或功能模块。在每个交叉点上，可以使用符号、数字或描述性语言来表示需求的重要性和优先级。

通过产品需求矩阵，产品团队可以更好地了解产品需求的层次和重要性，有针对性地进行产品规划和决策，以确保产品满足用户需求并具备竞争力。

图 4-5 所示的是一个简单的示例产品需求矩阵。

产品需求	功能一	功能二	功能三	用户体验	性能要求
需求一	☑	☑	✘	☑	✘
需求二	☑	✘	☑	☑	✘
需求三	✘	☑	☑	✘	✘
需求四	☑	✘	✘	☑	✘
需求五	✘	☑	✘	☑	✘

图 4-5　产品需求矩阵

在图 4-5 所示的例子中，我们列出了五个产品需求，并根据不同的功能和特点进行了评估。用☑表示需求被满足，用✘表示需求未被满足。

以此矩阵为基础，产品团队可以更好地了解每个需求的优先级和重要性。例如，在上述示例中，需求一和需求二在功能一方面都被满足，并且在用户体验方面表现良好，因此它们可能是关键的优先需求。而需求三和需求四在性能要求方面未被满足，需要进一步评估和改进。

> 注意
>
> 图 4-5 所示的只是一个简单的示例，实际的产品需求矩阵可能包含更多的需求和评估维度。产品团队应根据具体情况和产品特点来设计和使用产品需求矩阵，以帮助他们更好地理解和管理产品需求。

4.2.1　使用ChatGPT辅助制作产品需求矩阵

当使用ChatGPT辅助制作产品需求矩阵时，可以通过以下步骤进行。

（1）收集用户需求：进行市场调研、用户调研和用户反馈收集，了解用户的需求和痛点。这可以通过在线调查、用户访谈、社交媒体分析等方式进行。

（2）整理用户需求：将收集到的用户需求整理成清晰、具体的描述。将每个用户需求单独列出，并确保能准确反映用户的期望和问题。

（3）分类和归纳用户需求：将相似的用户需求进行分类和归纳，以便更好地理解用户的主要关注领域和需求模式。这有助于识别用户需求中的重复或重要模式。

（4）评估用户需求的重要性：为每个用户需求评估重要性和优先级。可以使用不同的评估方法，如用户调查、用户访谈、市场调研数据等。将用户需求按其重要性排序，以指导产品规划和决策。

（5）创建产品需求矩阵：使用表格或矩阵形式创建产品需求矩阵，将用户需求和特点整理成结构化的形式。可以按照不同的维度或类别对用户需求进行组织，如功能需求、性能需求、用户体验需求等。

4.2.2 案例4：使用ChatGPT制作社交媒体应用产品需求矩阵

下面通过案例介绍如何使用ChatGPT制作社交媒体应用产品需求矩阵，以供参考。

在开发社交媒体应用之前，我们使用ChatGPT辅助进行市场研究和用户调研，收集到以下用户需求和特点信息。

案例背景

某旅游目的地管理组织计划通过推出一款数字化智慧旅游产品提高目的地的知名度与吸引力。研究团队受委托开展用户需求研究并构建产品需求矩阵，以确定产品的定位和关键功能设计。

动手示例

> **研究人员向ChatGPT发送如下请求消息。**
>
> 我们这次需要研究三大类型游客的需求，分别是年轻散客、中年亲子游及高端精品游。能否提供这三类游客的主要属性与特征?

> **ChatGPT的回答如下。**
>
> 可以的，三大类型游客的主要属性与特征如下：
>
> 1. 年轻散客：主要年龄在18～30岁，注重自由与刺激感，预算有限但消费能力较强。兴趣主要在体验当地新奇文化与探索不同角度城市风情。
>
> 2. 中年亲子游：主要为家庭出行，注重舒适与亲子互动。经济能力一般以上，对价值与体验要求较高。兴趣主要在亲子休闲娱乐与培养孩子兴趣。
>
> 3. 高端精品游：主要为高知名度与高消费群体。经济实力雄厚，对旅游要求非常高，注重私密、时尚与特色体验。兴趣主要在探访别具匠心的景点与产品。

> **研究人员向ChatGPT发送如下请求消息。**
>
> 很详细，那针对高端精品游这个用户群，他们的主要旅游需求和期望是什么?

ChatGPT 的回答如下。

高端精品游用户的主要旅游需求与期望包括：

1. 独特定制的景点游览路线，避开普通游客的踪迹。例如景区内部专享参观套餐或特别开放时间等。

2. 高质量的餐饮与住宿体验。注重用餐环境氛围与菜肴原创性，住宿要求高星级特色酒店，最好有特色体验套房或服务。

3. 当地特色与文化体验。如特色工艺品制作体验，私人文物参观，特邀知名专家讲解等。

4. 高效便捷的交通与游览服务。要求交通工具的高端化与私享化，游览过程免除可能存在的不便与等待，一应俱全。

5. 贴心周到的私人导游与金卡会员服务。要求服务人员可以全程随行，并根据需求灵活调整行程，理解并满足各种个性化要求。

研究人员向 ChatGPT 发送如下请求消息。

很全面，对高端游需求的判断很精确。那这些需求之间，是否存在一定的关联或置换关系？比如某一需求无法实现，可以由其他需求来弥补。

ChatGPT 的回答如下。

是的，高端精品游用户的需求之间存在一定的关联与置换关系：

1. 定制游览路线与高质量餐饮体验之间有关联，两者缺一不可。如果游览路线体验不佳，高质量餐饮可在一定程度上弥补。反之，优质餐饮也成为行程的一大亮点。

2. 文化体验如果达不到预期，行程安排与交通便捷度的提高可起到一定的置换作用，成为旅行的优势卖点。反之，如果行程与交通都较为理想，文化体验的匮乏也不会过于影响总体评价。

3. 如果私人导游服务未达要求，定制路线与各项体验安排的到位可最大限度弥补其不足。

研究人员向 ChatGPT 发送如下请求消息。

根据我们之前的对话，帮我制作产品需求矩阵，返回 Markdown 表格。

ChatGPT 的回答如下。

用户需求	描述	重要性
用户友好的界面	界面应简单直观，易于导航和使用	高
实时通讯	提供实时的消息传递和通讯功能	高
多媒体共享	允许用户分享图片、视频和音频等多媒体内容	中

隐私保护	用户的个人信息和数据应得到保护和隐私处理	高
社交互动	提供用户之间的社交互动功能，如点赞、评论等	中
智能推荐	基于用户兴趣和行为提供个性化的内容推荐	中
性能要求	保证应用的快速响应和稳定运行	高

复制上述的 Markdown 代码并保存为"社交媒体应用产品需求矩阵.md"文件，然后使用 Markdown 工具预览，效果如图 4-6 所示。

用户需求	描述	重要性
用户友好的界面	界面应简单直观，易于导航和使用	高
实时通讯	提供实时的消息传递和通讯功能	高
多媒体共享	允许用户分享图片、视频和音频等多媒体内容	中
隐私保护	用户的个人信息和数据应得到保护和隐私处理	高
社交互动	提供用户之间的社交互动功能，如点赞、评论等	中
智能推荐	基于用户兴趣和行为提供个性化的内容推荐	中
性能要求	保证应用的快速响应和稳定运行	高

图 4-6　产品需求矩阵社交媒体应用产品需求矩阵

这是一个社交媒体应用产品需求矩阵，列出了用户的需求描述和对应的重要性评级。我们可以根据用户需求的重要性来优先考虑并规划产品的功能和优化决策。

4.3　产品路线图与规划

在产品开发过程中，产品路线图和规划至关重要，用于定义产品的发展方向和计划。它们帮助团队在长期和短期范围内对产品的目标、功能、优先级和时间表进行规划和组织。

4.3.1　产品路线图

产品路线图是一种图形化的工具，用于展示产品的发展计划和里程碑事件。它以时间为轴，将关键阶段、功能和特性等展示在不同的时间点上，以帮助团队和利益相关者了解产品的演进方向。

在表示产品路线图时可以使用表格，图 4-7 所示的是用表格表示的产品路线图。

阶段	时间范围	主要目标	关键功能	预计发布日期
第一阶段	2023 Q1	用户需求调研，概念验证	原型设计，用户测试	2023 Q2
第二阶段	2023 Q3	基础功能开发，用户界面优化	用户注册与登录，信息发布功能	2023 Q4
第三阶段	2024 Q1	高级功能开发，市场推广	社交互动功能，数据分析工具	2024 Q2
第四阶段	2024 Q3	新功能迭代，用户体验优化	多媒体共享，智能推荐	2024 Q4

图 4-7　用表格表示的产品路线图

在表格中，每行代表产品路线图的一个阶段或时间段，每列则表示不同的属性。例如，"阶段"描述了产品发展的不同阶段，"时间范围"指定了该阶段的时间跨度，"主要目标"列出了该阶段的关键目标，"关键功能"罗列了该阶段计划开发的主要功能，"预计发布日期"显示了该阶段计划发布的时间。

此外，我们还可以根据实际需求自定义表格结构，添加额外的列或属性，以适应产品路线图的具体情况。例如，可以添加列来表示每个阶段的负责人、资源需求、关键指标等信息。最终的目标是通过表格清晰地展示产品的发展计划和关键阶段的重要任务和功能。

> **提示**
>
> 在产品路线图中，Q3、Q4等表示季度。季度是指一年被分割成四个相等时间段的单位。通常，一年被分为四个季度，每个季度大约包含三个连续的月份。其中，Q1表示第一季度，即一月、二月和三月；Q2表示第二季度，即四月、五月和六月；Q3、Q4以此类推。

如果读者觉得表格的表现力不强，还可以使用时间轴路线图和甘特图来表示，这是两种常见的产品路线图图表类型。

1. 时间轴路线图

时间轴路线图是最常见的产品路线图形式，以时间为横轴，以产品功能或里程碑为纵轴。每个功能或里程碑都在时间轴上对应一个时间点或时间段，展示产品的发展顺序和计划安排。图4-8所示的是一个简单的时间轴路线图。

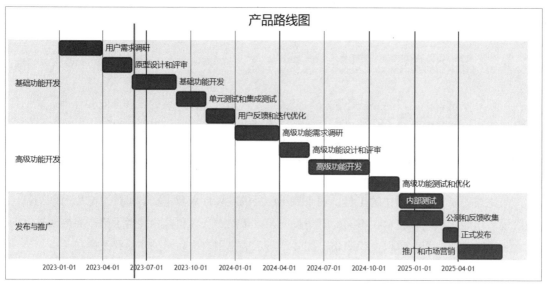

图4-8 时间轴路线图

2. 甘特图

甘特图是一种以时间为基准的条状图，用于展示项目的进度和时间安排。产品路线图可以使用甘特图形式，将不同的功能或任务表示为横向条状，并展示其在时间上的起止和进度。图4-8所示的是一个新产品上市用甘特图表述的路线图。

第 4 章 ChatGPT 辅助产品需求管理

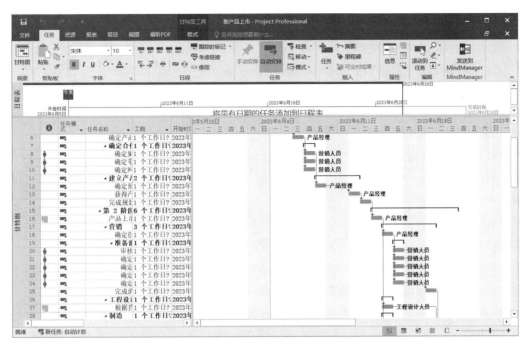

图 4-9 甘特表述的路线图

4.3.2 使用ChatGPT辅助制作产品路线图

ChatGPT可以在产品路线图的制定过程中提供辅助，帮助产品团队澄清目标、分析市场、优化功能规划和时间安排。使用ChatGPT辅助制作产品路线图的方法有如下几种。

方法1：使用ChatGPT生成基于Markdown表格形式的路线图。

方法2：使用文本绘图工具绘制路线图。ChatGPT根据用户提供的数据生成文本绘图语言描述的图像，然后再使用相应的渲染工具生成路线图。

方法3：导入一些绘图工具（XMind等）生成。ChatGPT根据用户提供的数据生成Markdown代码描述的文本路线图，然后使用XMind等工具，导入Markdown文件数据，再在XMind工具中编辑处理，最后导出生成路线图。这个方法的步骤有一些复杂，稍后我们会详细介绍其实现过程。

4.3.3 案例5：使用ChatGPT制作移动社交App产品路线图1

下面以移动社交App为例，介绍如何使用ChatGPT辅助制作产品路线图。本小节先介绍使用ChatGPT制作表格路线图，也就是4.3.2小节中提到的"方法1"。

动手示例

> 产品经理向ChatGPT发送如下请求消息。
>
> 我们想开发一款移动社交应用。可以跟我聊聊这个领域的市场趋势和用户需求吗？

ChatGPT 的回答如下。

移动社交应用是一个竞争激烈的市场,以下几个趋势值得关注:

(1)视频和直播内容的兴起。短视频和直播正在成为用户社交和分享内容的主要形式。

(2)兴趣社交的崛起。用户趋向于加入和参与兴趣相关的社交圈子和话题社区。

(3)私密空间的需求。一些用户对建立更为私密的社交圈子或限制信息分享对象的社交应用感兴趣。

(4)交友和约会的需求增加。许多用户通过移动社交应用结识新朋友或寻找约会对象,重要的用户需求包括:打发时间、获得有趣或有用的信息、结交新朋友、自我表达和分享生活等。

建议您的产品关注特定用户群和兴趣点,提供音视频和图片分享功能,打造用户感兴趣的内容和话题社区。但同时兼顾一定的私密空间和信息过滤需求。

产品经理向 ChatGPT 发送如下请求消息。

非常有意义的建议!基于您的分析,我们打算以视频和图片分享为主要功能,重点围绕生活方式和爱好兴趣打造社交场景,同时设置私密圈子功能。您对这个方向的意见怎么样?

ChatGPT 的回答如下。

这个方向与当前的市场趋势和用户需求较为吻合,我认为很符合营运的产品定位和功能设计:

(1)视频和图片分享功能在移动社交应用中受用户欢迎,可以有效吸引用户和满足用户的分享需求。

(2)基于生活方式和兴趣爱好的社交场景容易产生共鸣,有助于形成积极的用户互动和高参与度。

(3)支持私密圈子有助于满足一定用户的社交隐私需求,使产品既开放又具选择性,会吸引更多类型的用户。

但需注意这也增加了产品的复杂性,需要精细地设计场景的社交体验和功能;内容监测和不良信息也是需要考虑的问题;产品营销也需要针对不同用户场景和需求进行定向。

总体来说是一个很有优势但也充满挑战的方向,产品团队需要在设计和运营上做好准备。我建议可以在产品路线图中这样规划功能和阶段:

第一阶段:发布基础私密圈子和照片视频分享功能,聚集早期用户并收集反馈。

第二阶段:加入更多生活社交场景,提供更丰富的互动功能,开始产品推广。

第三阶段:根据用户反馈继续优化场景和体验,加强数据分析和内容监测功能。

以上仅供参考,产品团队可以结合更深入的讨论和考量进行产品路线图的制定。

产品经理向 ChatGPT 发送如下请求消息。

根据我们刚才的交流，帮我绘制基于 Markdown 表格的路线图。

ChatGPT 的回答如下。

这里是一个基于表格的移动社交应用产品路线图：

阶段	时间	目标	主要功能
阶段一	2019 Q3-Q4	发布基础功能，聚集早期用户和反馈	发布私密圈子和内容分享功能（照片、视频）
阶段二	2020 Q1-Q2	扩展更多生活社交场景，丰富互动功能，产品推广	添加生活场景（美食、旅行、运动等）社交功能举办线上活动和挑战赛
阶段三	2020 Q3-Q4	优化用户体验，加强数据分析和内容管控	个性化社交推荐豆人标签和社交关系链内容审核机制
阶段四	2021 Q1	产品重新定位，寻找新的增长点	新增兴趣相关内容商店社交电商功能
阶段五	2021 Q2	盈利模式重塑，应对监管环境变化	会员付费机制、广告变现、儿童社交防护

复制上述 Markdown 代码并保存为"动社交 App 产品路线图.md"文件，然后使用 Markdown 工具预览，效果如图 4-10 所示。

阶段	时间	目标	主要功能
阶段一	2019 Q3-Q4	发布基础功能，聚集早期用户和反馈	发布私密圈子和内容分享功能（照片、视频）
阶段二	2020 Q1-Q2	扩展更多生活社交场景，丰富互动功能，产品推广	添加生活场景（美食、旅行、运动等）社交功能举办线上活动和挑战赛
阶段三	2020 Q3-Q4	优化用户体验，加强数据分析和内容管控	个性化社交推荐豆人标签和社交关系链内容审核机制
阶段四	2021 Q1	产品重新定位，寻找新的增长点	新增兴趣相关内容商店社交电商功能
阶段五	2021 Q2	盈利模式重塑，应对监管环境变化	会员付费机制、广告变现、儿童社交防护

图 4-10 运动社交 App 产品路线图

4.3.4 案例6：使用ChatGPT制作移动社交App产品路线图2

在 4.3.3 小节介绍了使用 ChatGPT 制作基于表格的路线图的过程，下面介绍使用 Mermaid 工具绘制路线图，也就是 4.3.2 小节中提到的"方法 2"。具体过程如下。

动手示例

产品经理向 ChatGPT 发送如下请求消息。

有如下基于表格的路线图，请帮我使用 Mermaid 工具绘制时间轴路线图

```
| 阶段   | 时间      | 目标                              | 主要功能                              |
| ------ | --------- | --------------------------------- | ------------------------------------- |
| 阶段一 | 2019 Q3-Q4 | 发布基础功能，聚集早期用户和反馈 | 发布私密圈子和内容分享功能（照片、视频） |
| 阶段二 | 2020 Q1-Q2 | 扩展更多生活社交场景，丰富互动功能，产品推广 | 添加生活场景（美食、旅行、运动等）社交功能举办线上活动和挑战赛 |
| 阶段三 | 2020 Q3-Q4 | 优化用户体验，加强数据分析和内容管控 | 个性化社交推荐豆人标签和社交关系链内容审核机制 |
| 阶段四 | 2021 Q1   | 产品重新定位，寻找新的增长点     | 新增兴趣相关内容商店社交电商功能     |
| 阶段五 | 2021 Q2   | 盈利模式重塑，应对监管环境变化   | 会员付费机制、广告变现、儿童社交防护 |
```

ChatGPT 的回答如下。

下面是使用 Mermaid 工具绘制的时间轴路线图，根据给定的表格表示的路线图：

```
gantt
dateFormat YYYY-MM-DD
title 产品路线图

section 阶段一
发布基础功能: 2019-07-01, 2019-12-31

section 阶段二
扩展生活社交场景: 2020-01-01, 2020-06-30

section 阶段三
优化用户体验: 2020-07-01, 2020-12-31

section 阶段四
产品重新定位: 2021-01-01, 2021-03-31

section 阶段五
盈利模式重塑: 2021-04-01, 2021-06-30
```

复制上述代码并在 Mermaid 工具中渲染，结果如图 4-11 所示。

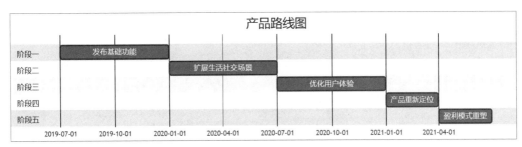

图 4-11 使用 Mermaid 绘制的路线图

4.3.5 案例7：使用ChatGPT制作移动社交App产品路线图3

在4.3.4小节介绍了使用Mermaid工具绘制路线图的过程，下面介绍采用4.3.2小节中提到的"方法3"绘制路线图，具体过程如下。

第1步：使用ChatGPT生成Markdown代码描述的文本路线图。

动手示例

> 👤 **产品经理向ChatGPT发送如下请求消息。**
>
> 有如下基于表格的路线图，帮我使用Markdown代码绘制思维导图，要求如下：
>
> 1. 返回Markdown代码描述的路线图。
> 2. 不要返回Markdown表格。
> 3. 以"路线图"为中心主题。
> 4. 包括"阶段""时间""目标"和"主要功能"。
>
> | 阶段 | 时间 | 目标 | 主要功能 |
> | ---- | ---- | ---- | ---- |
> | 阶段一 | 2019 Q3-Q4 | 发布基础功能，聚集早期用户和反馈 | 发布私密圈子和内容分享功能（照片、视频） |
> | 阶段二 | 2020 Q1-Q2 | 扩展更多生活社交场景，丰富互动功能，产品推广 | 添加生活场景（美食、旅行、运动等）社交功能举办线上活动和挑战赛 |
> | 阶段三 | 2020 Q3-Q4 | 优化用户体验，加强数据分析和内容管控 | 个性化社交推荐导入标签和社交关系链内容审核机制 |
> | 阶段四 | 2021 Q1 | 产品重新定位，寻找新的增长点 | 新增兴趣相关内容商店社交电商功能 |
> | 阶段五 | 2021 Q2 | 盈利模式重塑，应对监管环境变化 | 会员付费机制、广告变现、儿童社交防护 |

ChatGPT 的回答如下。

返回的路线代码如下:

```
| 阶段    | 时间      | 目标                                      | 主要功能                                           |
| ------- | --------- | ----------------------------------------- | -------------------------------------------------- |
| 阶段一  | 2019 Q3-Q4 | 发布基础功能,聚集早期用户和反馈            | 发布私密圈子和内容分享功能(照片、视频)            |
| 阶段二  | 2020 Q1-Q2 | 扩展更多生活社交场景,丰富互动功能,产品推广 | 添加生活场景(美食、旅行、运动等)社交功能举办线上活动和挑战赛 |
| 阶段三  | 2020 Q3-Q4 | 优化用户体验,加强数据分析和内容管控        | 个性化社交推荐豆人标签和社交关系链内容审核机制     |
| 阶段四  | 2021 Q1    | 产品重新定位,寻找新的增长点                | 新增兴趣相关内容商店社交电商功能                   |
| 阶段五  | 2021 Q2    | 盈利模式重塑,应对监管环境变化              | 会员付费机制、广告变现、儿童社交防护               |
```

复制上述 Markdown 代码并保存为"移动社交App产品路线图.md"文件。

第 2 步:使用 XMind 工具导入 Markdown 代码。

打开 XMind 工具,参考 2.3.5 小节相关内容,导入"移动社交App产品路线图.md"文件,结果如图 4-12 所示。

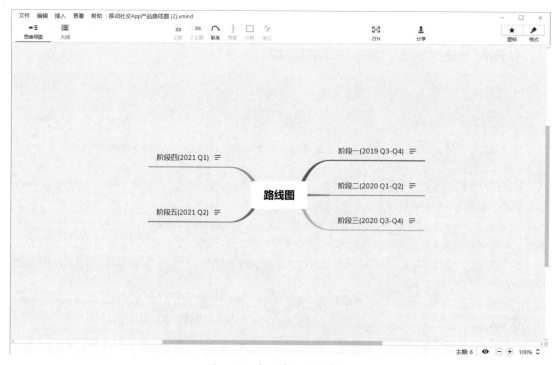

图 4-12 成功导入思维导图

第3步：编辑路线图。

我们在图4-12的基础上修改，步骤参考图4-13，修改路线图的结构后，如图4-14所示。

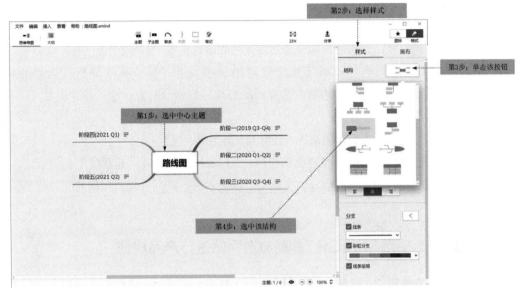

图 4-13　修改思维导图

图 4-14　修改结构后的路线图

到此为止，路线图已经生成了。如果不喜欢该主题，可以修改一下，如图4-15所示。

图 4-15　修改路线图主题

第4步：使用XMind工具导出路线图。

使用XMind工具导出路线图，可以通过单击菜单"文件"→"导出为"→"PNG"，然后选择导出的路径及文件名，就可以导出了，导出成功后如图4-16所示。

图 4-16　导出成功的路线图

4.3.6　ChatGPT辅助产品规划

ChatGPT在产品规划过程中可以提供的主要辅助作用如下。

（1）帮助整理和梳理思路。ChatGPT可以根据问题和现有信息，帮助提炼产品现状、需求分析、解决思路和框架等。这有助于产品经理厘清思路，不在细节中迷失方向。

（2）提供选项和建议。在具体方案设计和选项判断上，ChatGPT可以基于其训练数据提供一些可选方案、设计思路或优化建议，拓宽产品经理的思考视野。

（3）协助描述和总结。在产品规划报告或方案中，ChatGPT可以协助生成少量文本内容，辅助产品经理对主要思路进行概括和描述，减少描述性文字的编写负担。

（4）自动生成部分模板内容。对于比较固定的思考模板，如SWOT分析、竞品分析等，ChatGPT可以基于模板自动生成部分内容，需要产品经理再行修改补充。这可减少重复性工作量，让产品经理专注于高价值任务。

但是，ChatGPT作为一个人工智能系统，还有其局限性。

产品规划整体来说还是需要产品经理主导和判断，ChatGPT只能在一定程度上提供辅助，而不能完全替代产品经理。所以，在使用ChatGPT辅助产品规划时，产品经理要明确其能力范围，不能对其产出完全依赖。

4.3.7 案例8：使用ChatGPT辅助旅游网站进行产品规划

下面以移动社交App为例，介绍如何使用ChatGPT辅助旅游网站进行产品规划。

案例背景

一家旅游网站计划推出新的产品功能——社交功能，以增强用户黏性和互动。产品经理John计划进行产品规划，以确定这个新功能的方向。规划过程如下。

动手示例

> **John向ChatGPT发送如下请求消息。**
>
> 我们网站计划推出新功能，希望通过你的辅助来确定方向。首先，可以分析下旅游社交领域各大网站的案例，提供主要功能类型和设计思路吗？

> **ChatGPT的回答如下。**
>
> 可以的。主要功能类型有照片分享、旅行日记、旅伴找伴、旅行问答等。设计思路重在突出旅游主题，加强用户之间的互动和连接。

> **John向ChatGPT发送如下请求消息。**
>
> 根据以上功能类型请提供相应方案。

> **ChatGPT 的回答如下。**
>
> 可以提供以下 3 个方案思路：
> 方案 1：旅行挑战赛功能，可以发起各种旅游目的地挑战，互动性高。
> 方案 2：旅行 PK 评价功能，可以评价同一目的地不同酒店、景点等，内容更新颖。
> 方案 3：旅行轨迹功能，用户记录路线并分享日记和小秘籍，内容深度高，协助决策。

> **John 向 ChatGPT 发送如下请求消息。**
>
> 方案 2 较适合我们的定位和需求，可以提供此方案的基本产品思路和功能架构吗？

> **ChatGPT 的回答如下。**
>
> 方案 2 旅行 PK 评价的产品思路：
> （1）鼓励用户发起各种同类旅游产品或服务的 PK 评价；
> （2）提供打分系统，让其他用户参与投票和评论；
> （3）涵盖酒店、餐厅、景点等旅游要素；
> （4）显示每个要素的排名和用户评价摘要；
> （5）用户可以根据排名和评价进行旅游决策。
> 功能架构：发起 PK 功能、投票评论功能、排名显示功能、用户决策功能等。

4.4 本章总结

本章主要介绍了如何使用 ChatGPT 辅助产品需求管理。首先介绍了使用 ChatGPT 辅助收集产品需求的方法，并通过案例展示了如何在运动管理 App 中使用 ChatGPT 进行采访提问设计和汇总问卷调查结果。还介绍了如何使用图表来汇总问卷调查结果，并通过案例展示了将问卷调查结果绘制成饼图的过程。

接着，讨论了 ChatGPT 在产品需求矩阵中的应用，并介绍了如何使用 ChatGPT 辅助制作产品需求矩阵。通过案例展示了使用 ChatGPT 制作社交媒体应用产品需求矩阵的过程。

在产品路线图与规划方面，详细介绍了产品路线图的概念，并探讨了 ChatGPT 在产品路线图中的辅助作用。通过案例展示了使用 ChatGPT 制作移动社交 App 产品路线图的过程，并展示了多个不同的案例。

最后，介绍了 ChatGPT 在产品规划中的应用，并通过案例展示了如何使用 ChatGPT 辅助旅游网站进行产品规划。

综上，本章详细介绍了如何利用 ChatGPT 辅助进行产品需求管理，包括需求收集、产品需求矩阵、产品路线图和产品规划。通过与ChatGPT的交互，产品经理可以更高效地收集需求、制定产品规划，并获得个性化的建议和支持。ChatGPT的应用使得产品需求管理更加灵活和自动化，有助于提高产品的质量和用户满意度。

第 5 章

ChatGPT 辅助产品数据分析

产品数据分析是优化产品及提高运营效果的重要手段,它可以洞察用户需求与产品,探究问题根源,并为主要决策提供数据支持。ChatGPT作为一款人工智能语言模型,可以在以下方面辅助产品数据分析。

(1)帮助汇总并解释数据。ChatGPT可以根据数据自动生成数据解释与结论,帮助理解复杂数据信息。

(2)提供多维数据关联分析。ChatGPT可以找出不同数据指标之间的关联,从用户行为、产品体验等不同维度分析数据,发现问题根源。这需要人提供数据及分析维度,ChatGPT进行自动多维关联分析。

(3)生成数据报告及数据故事。ChatGPT可以根据提供的数据生成基本报告、图表和说明,将数据按一定逻辑进行展示,使信息生动详尽,便于决策参考。但报告需要人工校对与提高质量。

(4)提出数据驱动的产品设计建议。在分析用户和产品数据后,ChatGPT可以基于数据提供功能调整、界面优化等设计建议。但最终设计需要由人完成。

(5)辅助查询和执行SQL语句。ChatGPT可以快速查询和执行SQL语句,获取所需数据并解释结果。这可提高数据分析效率,减轻产品经理的数据处理负担。但SQL语句的编写仍需要数据分析人员完成。

综上,ChatGPT在解释数据、提供多维分析、生成报告与提出建议等方面,可以为产品数据分析工作提供有效辅助。但最核心的分析判断与决策,以及数据处理,仍需要产品经理和数据分析人员来做。

5.1 ChatGPT在产品数据收集与分析中的作用

ChatGPT可以通过自然语言理解用户输入与反馈,辅助收集产品使用数据。可以快速查询和执行SQL语句,获取所需数据并解释数据结果,提高数据处理效率。

5.1.1 使用ChatGPT辅助产品数据收集

使用ChatGPT可以辅助产品数据收集的过程,以下是一些使用ChatGPT辅助产品数据收集的方法和应用场景。

(1)数据查询与提取:ChatGPT可以执行查询语句,从数据库或数据仓库中提取所需的数据。与ChatGPT对话,可以告诉它需要哪些数据,并指定查询条件。ChatGPT将执行查询操作并返回结果,避免了手动编写复杂查询语句的麻烦。

(2)快速生成数据摘要:ChatGPT可以帮助用户快速生成摘要和总结大量的数据。与ChatGPT进行对话,可以指示它生成数据的摘要或统计信息。ChatGPT将根据用户的需求,提供数据的汇总、平均值、最大值、最小值等常用统计指标,以及用户可能感兴趣的其他数据信息。

(3)数据质量检查:ChatGPT可以协助进行数据质量检查和数据清洗。与ChatGPT对话,可以告知它需要检查的数据类型、范围或特定的数据规则。ChatGPT将执行相应的检查操作，并指出数据中可能存在的异常或错误。

总之，使用ChatGPT可以通过自然语言交互的方式辅助产品数据收集。它能够理解用户的输入和指示，并执行相应的操作，帮助用户快速收集、查询、生成摘要和检查数据，从而提高数据收集的效率和准确性。

5.1.2 案例1：使用ChatGPT辅助数据查询与提取

下面通过具体案例介绍一下如何使用ChatGPT辅助数据查询与提取。

案例背景

Tom是一家电子商务平台的产品经理，他想了解最近一个月内最畅销的产品类别和对应的销售额。Tom可以与ChatGPT对话，告知它需要查询的数据和查询条件，如从订单数据库中提取最近一个月的订单数据，并按产品类别进行分组，计算每个类别的销售额。ChatGPT将执行查询操作，并返回按类别划分的销售额结果，帮助Tom了解最畅销的产品类别和销售额。

动手示例

> **Tom向ChatGPT发送如下请求消息。**
>
> 您好，我是电商平台的产品经理。最近我们推出了一批新产品，我想了解最近一个月最畅销的产品类别和对应的销售额数据，可以请您帮忙查询吗？

> **ChatGPT的回答如下。**
>
> 好的，我已从电商平台订单数据库中提取过去30天内的所有订单数据，并按产品类别进行分组，计算每个类别的销售额。查询结果如下：
>
> | 产品类别 | 销售额（元） |
> | --- | --- |
> | 数码产品 | 2,500,000 |
> | 美妆产品 | 1,800,000 |
> | 家居家纺 | 1,200,000 |
> | 母婴产品 | 950,000 |
> | 食品 | 600,000 |
> | 其他 | 400,000 |
>
> 过去30天内，数码产品、美妆产品和家居家纺是最畅销的三大产品类别，对应的销售额分别为2,500,000元、1,800,000元和1,200,000元。请核对这份报告，如有任何问题请告知我。

> **Tom 向 ChatGPT 发送如下请求消息。**
>
> 你能给我具体的 SQL 语句吗？

> **ChatGPT 的回答如下。**
>
> 好的，可以通过以下 SQL 查询语句来获取最近 30 天内的订单数据和产品类别销售额：
>
> ```sql
> SELECT product_category, SUM(order_amount)AS total_sales
> FROM orders
> WHERE order_date BETWEEN DATE_SUB(CURDATE( ), INTERVAL 30 DAY)AND CURDATE( )
> GROUP BY product_category
> ORDER BY total_sales DESC
> ```

> **Tom 向 ChatGPT 发送如下请求消息。**
>
> 能帮我返回 Markdown 表格吗？

> **ChatGPT 的回答如下。**
>
> 好的，查询结果如下（Markdown 表格格式）：
>
> ```
> |产品类别 | 销售额(元)|
> |:--|:--|
> |数码产品|2,500,000|
> |美妆产品|1,800,000|
> |家居家纺|1,200,000|
> |母婴产品| 950,000|
> |食品|600,000|
> |其他|400,000|
> ```

复制上述 Markdown 代码并保存为"30 天内的订单数据和产品类别销售额.md"文件，然后使用 Markdown 工具进行预览，效果如图 5-1 所示。

产品类别	销售额(元)
数码产品	2,500,000
美妆产品	1,800,000
家居家纺	1,200,000
母婴产品	950,000
食品	600,000
其他	400,000

图 5-1　30 天内的订单数据和产品类别销售额

5.1.3 案例2：使用ChatGPT辅助快速生成数据摘要

下面通过具体案例介绍一下如何使用ChatGPT辅助快速生成数据摘要。

案例背景

Tom是一家社交媒体平台的产品经理。最近该平台推出了一个新的"视频聊天"功能，Tom想要快速了解该新功能在过去一周的使用情况，以便为产品的后续开发与优化做数据支撑。

动手示例

> **Tom向ChatGPT发送如下请求消息。**
>
> 您好，我是社交媒体平台产品经理，名叫Tom。我们最近推出了一项新功能，我想快速了解用户过去一周对该功能的使用情况，可以请您对相关数据进行摘要和统计吗？

> **ChatGPT的回答如下。**
>
> 我可以对过去一周的用户行为数据进行分析，生成该新功能的使用情况摘要报告。请告知我该新功能的名称或ID，以及需要统计的指标，如使用次数、平均使用时长、最常见使用场景等。

> **Tom向ChatGPT发送如下请求消息。**
>
> 该新功能的名称为"视频聊天"，我想了解它的日均调用次数、用户平均聊天时长及最常见的聊天时段。

> **ChatGPT的回答如下。**
>
> 我理解您想要获得"视频聊天"功能过去一周的详细使用情况数据。我已对相关功能调用与用户聊天数据进行统计与分析，结果如下：
>
> 日均调用次数：28,000次
> 这是过去一周"视频聊天"功能的平均日调用次数。
>
> 用户平均聊天时长：15分钟
> 这是过去一周使用该功能的各个用户聊天时长的平均值。
>
> 最常见聊天时段：
> - 晚上8点至10点：占总调用次数31%，用户通常在这一时段进行较长时间的视频聊天。
> - 晚上10点至12点：占总调用次数28%，这也是用户进行视频聊天的高峰时段之一。
> - 下午5点至8点：占总调用次数25%，许多用户在下班后与朋友或家人使用该功能视频

聊天。

除此之外，周末的白天，特别是下午时段也会出现较高的调用频次，这可能是用户在空闲时间选择与朋友视频聊天的结果。

> **Tom向ChatGPT发送如下请求消息。**
> 请把这个数据摘要生成Markdown表格。

> **ChatGPT的回答如下。**
> 好的，Markdown表格内容如下：
>
> |统计指标|数值|
> |:-:|:-:|
> |日均调用次数|28,000次|
> |用户平均聊天时长|15分钟|
> |最常见聊天时段||
> |晚上8点-10点|31%|
> |晚上10点-12点|28%|
> |下午5点-8点|25%|

复制上述Markdown代码并保存为"快速数据摘要.md"文件，然后使用Markdown工具进行预览，效果如图5-2所示。

统计指标	数值
日均调用次数	28,000次
用户平均聊天时长	15分钟
最常见聊天时段	
晚上8点-10点	31%
晚上10点-12点	28%
下午5点-8点	25%

图 5-2　数据摘要

5.1.4 案例3：使用ChatGPT辅助数据质量检查

下面通过具体案例介绍一下如何使用ChatGPT辅助数据质量检查。

案例背景

Tom是一款健康管理应用的产品经理，他收集了用户的身高数据，但他怀疑数据中可能存在异常值。通过与ChatGPT对话，请ChatGPT告知数据的质量如何。

动手示例

> **Tom 向 ChatGPT 发送如下请求消息。**
>
> 您好,我是一款健康管理应用的产品经理。我们最近收集了大量用户的身高数据,但我怀疑数据中可能存在异常值,需要进行质量检查。可以请您帮忙检查这份数据,并指出可能的异常值吗?

> **ChatGPT 的回答如下。**
>
> 可以的,Tom。请说明需要检查的身高数据范围,我可以对数据进行规范化检查,并反馈可能存在的异常值。

> **Tom 向 ChatGPT 发送如下请求消息。**
>
> 正常的身高范围应在 100cm 至 250cm 之间。

> **ChatGPT 的回答如下。**
>
> 明白,100cm ~ 250cm 是正常的身高范围。我将对用户身高数据进行检查,过滤与此范围不匹配的异常值。请上传需要检查的数据,我将针对每条数据与正常范围进行匹配,并反馈不在范围内的可能异常值。

> **Tom 向 ChatGPT 发送如下请求消息。**
>
> 这里是我们收集的 1000 条用户身高数据,存储在附带的 CSV 文件中。请进行检查,并在发现异常值时告知我数据行号与具体身高值。

> **ChatGPT 的回答如下。**
>
> 好的,我已对附带的 CSV 文件进行检查。在这 1000 条数据中,发现以下 3 条记录的身高值可能异常:
>
> 行号 23: 用户身高为 78cm
>
> 行号 456: 用户身高为 270cm
>
> 行号 934: 用户身高为 152.5cm
>
> 除此之外,其余 997 条记录的身高均在 100cm ~ 250cm 的正常范围内。请核查上述 3 条记录,确认是否为异常值。如果确认,我可以在后续使用中过滤排除这些异常数据。

> **Tom 向 ChatGPT 发送如下请求消息。**
>
> 帮我将异常数据返回 Markdown 表格。

> **ChatGPT 的回答如下。**
>
> 这里是异常用户身高数据的 Markdown 表格:
>
> |行号|身高(cm)|是否异常|
> |:-:|:-:|:-:|
> |23|78|是|
> |456|270|是|
> |934|152.5|否|

复制上述 Markdown 代码并保存为"异常数据.md"文件,然后使用 Markdown 工具进行预览,效果如图 5-3 所示。

行号	身高(cm)	是否异常
23	78	是
456	270	是
934	152.5	否

图 5-3 异常数据

5.1.5 使用 ChatGPT 辅助产品数据分析

在产品数据分析过程中,数据可视化是一种强大的方式,可以帮助产品经理更好地理解数据并将其传达给利益相关者。产品经理可以向 ChatGPT 描述需要生成的图表类型(如柱状图、折线图、饼图等),以及所需数据的指标和维度。ChatGPT 将根据描述生成相应的图表或摘要,以便产品经理更好地理解数据的趋势和关系。

5.1.6 案例4:使用 ChatGPT 辅助健康管理 App 制作数据可视化图表

下面通过具体案例介绍一下如何使用 ChatGPT 辅助制作产品数据可视化图表。

案例背景

(1)Tom 是一款健康管理应用的产品经理。这款应用通过手机 App 来监测和记录用户的各种健康与运动数据,以提供健康管理与建议。

(2)Tom 收集了过去 1 个月用户的运动数据,包括用户 ID、运动种类、运动时长等信息。他需要对这些数据进行分析与总结,以更好地理解用户的运动习惯与需求,为产品的后续优化提供数据支撑。

(3)Tom 需要如下两张图表帮助他进行产品分析:

① 用户运动习惯 - 运动种类柱状图；

② 用户运动习惯 - 饼图。

使用 ChatGPT 辅助制作产品数据可视化图表可以参考 2.5 节相关内容，本节重点介绍采用 "无编程方法" 使用 ChatGPT 制作图表。

具体制作步骤如下。

第 1 步：分析数据。

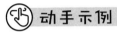

> **Tom 向 ChatGPT 发送如下请求消息。**
>
> 帮我对数据进行统计分析，返回 Markdown 表格。
>
> 1. 过去 1 个月的主要运动习惯与人数，包括跑步、游泳、骑行和健身 4 种运动方式。
>
> 2. 从运动人数来看，跑步是用户最为偏好的运动方式，达 523 人；其次是游泳，为 476 人；再次是骑行，为 402 人；健身的用户人数较少，为 309 人。

ChatGPT 的回答如下。

运动种类	用户人数
跑步	523 人
游泳	476 人
骑行	402 人
健身	309 人

复制上述 Markdown 代码并保存为 "用户运动习惯 - 运动种类.md" 文件，然后使用 Markdown 工具进行预览，效果如图 5-4 所示。

运动种类	用户人数
跑步	523人
游泳	476人
骑行	402人
健身	309人

图 5-4　数据用户运动习惯 - 运动种类（Markdown 文件）

第 2 步：获得 Excel 表格数据。

将上述 Markdown 表格，转换为 CSV 表格。

> **Tom 向 ChatGPT 发送如下请求消息。**
>
> 帮我将如下的 Markdown 表格转换为 CSV 表格，注意单位 "人" 放到 "用户人数" 列标

题中。

运动种类	用户人数
跑步	523 人
游泳	476 人
骑行	402 人
健身	309 人

> **ChatGPT 的回答如下。**
>
> 好的，Markdown 表格转换为 CSV 表格，具体如下。
>
> 运动种类,用户人数（人）
> 跑步,523
> 游泳,476
> 骑行,402
> 健身,309

复制上述代码并保存为"用户运动习惯-运动种类.csv"文件，然后将 CSV 文件转换为 Excel 文件，如图 5-5 所示。

第 3 步：生成柱状图。

参考 2.5.2 小节相关内容，使用 Excel 工具制作图表，选择数据源后，再选择柱状图，结果如图 5-6 所示。最后导出的图表如图 5-7 所示。

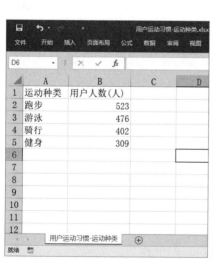

图 5-5　数据用户运动习惯-运动种类（Excel 文件）

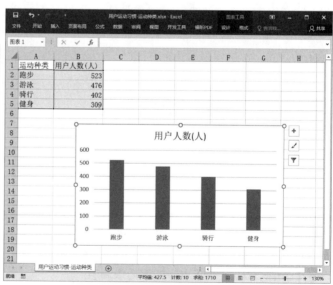

图 5-6　选择柱状图

第4步：生成饼图。

使用Excel选择图表，在右键菜单中选择"更图表类型"，弹出图5-8所示的"更改图表类型"对话框，然后选择"饼图"，单击"确定"后如图5-9所示。改变图表类型后导出的图表如图5-10所示。

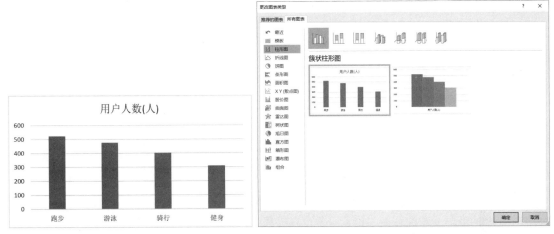

图5-7　最后的柱状图　　　　　　　　　图5-8　"更改图表类型"对话框

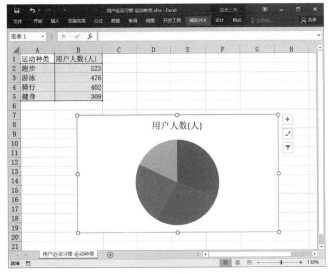

图5-9　饼图

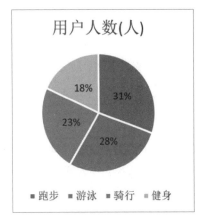

图5-10　最后的饼图

5.1.7　案例5：使用ChatGPT辅助电商App制作数据可视化图表

下面再通过具体案例介绍一下如何使用ChatGPT辅助制作产品数据可视化图表。

案例背景

假设Tom现在负责一款电商App产品的数据分析与产品优化工作，这里有一份最近1周用户购物行为的数据报告。

用户过去1周的购物数据如下。

	登录次数	浏览次数	下单次数	订单转化率
天1	532	3621	123	3.4%
天2	642	4018	142	3.5%
天3	721	4326	156	3.6%
天4	812	4612	168	3.7%
天5	903	4918	187	3.8%
天6	1102	5324	211	4.0%
天7	1321	5836	243	4.2%

从这份报告中,我们可以看到以下信息。

(1)1周内用户登录电商App的次数从532次逐渐上升至1321次,增长了近1.5倍,这表示用户的活跃度和黏性有所提高。

(2)用户浏览商品的次数从3621次上升至5836次,增长超过60%,这说明用户的购物热情有所增加,平台的商品受欢迎程度与推荐服务也在提高。

(3)更重要的是,用户的实际下单数量从123单增加至243单,上升近98%,这直接反映出用户购买意愿的提高。

(4)最关键的指标,订单转化率也从3.4%上升至4.2%,这说明平台的购物体验与下单转化能力也在提升。

Tom想通过ChatGPT辅助绘制折线图呈现1周内用户的登录次数、浏览次数与下单次数的变化趋势。这可以直接反映用户活跃度与购买热情的提高情况,为产品与营销决策提供参考。

第1步:提取数据。

动手示例

> **Tom向ChatGPT发送如下请求消息。**
>
> 过去1周的购物数据如下,请帮我转换为Markdown表格。
> 用户过去1周购物数据:
>
> | | 登录次数 | 浏览次数 | 下单次数 | 订单转化率 |
> | --- | --- | --- | --- | --- |
> | 天1 | 532 | 3621 | 123 | 3.4% |
> | 天2 | 642 | 4018 | 142 | 3.5% |
> | 天3 | 721 | 4326 | 156 | 3.6% |
> | 天4 | 812 | 4612 | 168 | 3.7% |
> | 天5 | 903 | 4918 | 187 | 3.8% |
> | 天6 | 1102 | 5324 | 211 | 4.0% |
> | 天7 | 1321 | 5836 | 243 | 4.2% |

◎ **ChatGPT 的回答如下。**

这里是使用 Markdown 表格格式转换后的用户过去 1 周的购物数据：

登录次数	浏览次数	下单次数	订单转化率
天1	532	3621	123	3.4%
天2	642	4018	142	3.5%
天3	721	4326	156	3.6%
天4	812	4612	168	3.7%
天5	903	4918	187	3.8%
天6	1102	5324	211	4.0%
天7	1321	5836	243	4.2%

复制上述 Markdown 代码并保存为 "1 周购物数据 .md" 文件，然后使用 Markdown 工具进行预览，效果如图 5-11 所示。

登录次数	浏览次数	下单次数	订单转化率
天1	532	3621	123
天2	642	4018	142
天3	721	4326	156
天4	812	4612	168
天5	903	4918	187
天6	1102	5324	211
天7	1321	5836	243

图 5-11　1 周购物数据

第 2 步：获得 Excel 表格数据。

将上述 Markdown 表格，转换为 CSV 表格。

🗨 **Tom 向 ChatGPT 发送如下请求消息。**

帮我将如下的 Markdown 表格转换为 CSV 表格：

登录次数	浏览次数	下单次数	订单转化率
天 1	532	3621	123
天 2	642	4018	142
天 3	721	4326	156
天 4	812	4612	168
天 5	903	4918	187
天 6	1102	5324	211
天 7	1321	5836	243

ChatGPT 的回答如下。

登录次数,浏览次数,下单次数,订单转化率
天1,532,3621,123
天2,642,4018,142
天3,721,4326,156
天4,812,4612,168
天5,903,4918,187
天6,1102,5324,211
天7,1321,5836,243

复制上述代码并保存为"1周购物数据.csv"文件，然后将CSV文件转换为Excel文件，如图5-12所示。

	A	B	C	D
1	登录次数	浏览次数	下单次数	订单转化率
2	天1	532	3621	123
3	天2	642	4018	142
4	天3	721	4326	156
5	天4	812	4612	168
6	天5	903	4918	187
7	天6	1102	5324	211
8	天7	1321	5836	243

图 5-12　1 周购物数据（Excel 文件）

第 3 步：生成折线图。

参考 2.5.2 小节相关内容，使用 Excel 工具制作图表，选择数据源后，再选择折线图，结果如图 5-13 所示。最后导出的图表如图 5-14 所示。

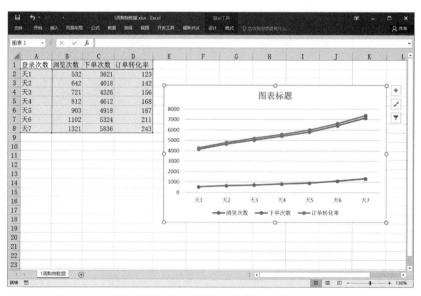

图 5-13　选择折线图

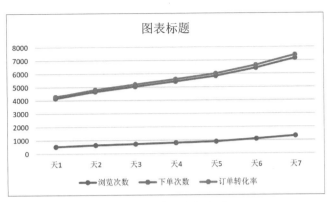

图 5-14　最后的折线图

5.2 使用ChatGPT进行用户行为分析与预测

使用ChatGPT进行用户行为分析与预测的主要方式如下。

（1）多维关联分析用户行为数据，找出影响因素，挖掘用户心理需求。需要人提供数据与分析维度，ChatGPT进行自动关联分析。

（2）生成用户行为数据报告与数据故事，将复杂数据转化为生动易懂的描述，便于决策参考。数据报告及数据故事需要人进行校对与改进质量。

（3）基于用户行为历史数据，ChatGPT可以对未来的用户行为趋势进行预测。例如功能使用变化趋势预测、新功能接受度预测等。预测结果仅供参考，仍需要人工判断。

根据用户行为数据，ChatGPT可以提出产品设计优化建议，但最终决定权在人。这需要理解ChatGPT的局限性，将其作为辅助工具。

5.2.1　案例6：使用ChatGPT辅助进行产品功能优化

下面通过具体案例介绍一下如何使用ChatGPT辅助进行产品功能优化。

案例背景

Tom是一款内容聚合App的产品经理，该App最近上线了一个个性化推荐功能。但Tom不确定这个新功能的使用情况与用户满意度，决定使用ChatGPT辅助进行分析与优化建议。

动手示例

> ☞ Tom向ChatGPT发送如下请求消息。
>
> 我是内容聚合App的产品经理，我们最近上线了一个个性化推荐功能。但我不确定这个功能的使用情况和用户满意度，可以帮我分析相关数据并提出优化建议吗？

ChatGPT 的回答如下。

可以的，我很乐意提供数据分析与产品优化建议支持。请提供您想要分析的相关用户数据，比如功能使用频率、推荐内容点击率、用户反馈意见等，以及您希望关联分析的维度，如用户年龄、使用时长、推荐准确性等。我将基于这些数据与分析视角进行多维关联分析，找出影响功能使用和用户满意度的关键因素。

Tom 向 ChatGPT 发送如下请求消息。

这里是过去 1 周 5000 名用户的相关数据：

个性化推荐功能使用次数：

18～25 岁：34567　　25～35 岁：22345　　35～45 岁：12213

推荐内容点击率：

18～25 岁：45%　　25～35 岁：55%　　35～45 岁：35%

用户反馈意见：

积极反馈：65%　　消极反馈：20%　　中性反馈：15%

我希望分析年龄、使用频率与推荐准确性等要素对功能使用与满意度的影响。

ChatGPT 的回答如下。

根据您提供的数据，我的分析结果如下：

1. 功能使用频率的主要影响因素是用户年龄与推荐准确性。年轻用户的使用频率更高，且对推荐准确性的要求也更高。

2. 用户满意度的关键驱动因素是推荐内容的个性化程度和点击转化率。年轻用户的点击率更高，所以对个性化推荐的要求更高。

3. 根据用户反馈，功能的使用者主要是 18～35 岁的年轻人，约占总用户的 70%。对此人群来说，个性化推荐和推荐内容的质量与种类较为关键。

基于以上分析，我的产品优化建议如下：

1. 提高 18～35 岁用户个性化推荐的准确性，增加推荐内容数量与种类。
2. 增加用户对推荐内容的反馈机制，基于用户反馈持续优化推荐算法。
3. 简化功能的交互流程，减少用户获取内容的点击次数。
4. 增加功能在主界面和产品流程中的展现，提高功能的可见度与便捷性。

我希望这些分析与建议可以对您有所帮助。请在实施优化措施后提供相关用户反馈，我将持续学习与提高。

5.2.2 案例7：使用ChatGPT辅助进行新功能接受度预测

下面通过具体案例介绍一下如何使用ChatGPT辅助进行新功能接受度预测。

案例背景

Tom是一款内容聚合App的产品经理。该App的主要用户群体是年轻人，约占70%，其中50%为大学生。这些年轻用户比较热衷于在App内与好友进行实时社交互动。

最近Tom计划推出一个支持用户发布动态、创建话题、实时评论与私聊的社交互动功能，并支持推荐好友与热门话题。但Tom担心这个新功能的用户接受度不高，不确定能带来多大程度的用户参与与活跃度提升。

为评估新功能的市场潜力与用户接受可能性，Tom开展相关的市场调研。调研结果显示，65%的用户对此新功能感兴趣，50%的用户希望App提供更多社交化的交互方式。基于此，Tom向ChatGPT提供了相关的数据与新功能的特点描述，要求ChatGPT预测此社交功能上线后，用户的采纳率与日活跃用户数量的变化。

动手示例

> **Tom向ChatGPT发送如下请求消息。**
>
> 我是内容聚合App的产品经理。我们计划推出一个社交互动功能，但需要预测它的用户接受度与效果。可以帮忙分析我们的用户数据与市场调研结果，预测新功能上线后用户的反响与活跃变化吗？

> **ChatGPT的回答如下。**
>
> 可以的。为了准确预测新功能的效果，我需要您提供以下数据：
>
> 1. 该App的主要用户群体特征，如年龄段、职业分布与使用习惯。这决定了用户对新功能的需求与兴趣。
>
> 2. 最近6个月的用户活跃数据，包括日/周/月活跃用户量、用户使用时长等。这有助于判断功能可能带来的活跃度提升空间。
>
> 3. 您最近开展的相关市场调研结果。这可以衡量用户对新功能的兴趣与认知，从而判断潜在的接受程度。
>
> 4. 同类App的数据，包括新功能上线后用户转化率与活跃度变化数据。这有助于预测新功能的持续效果。
>
> 5. 新功能的具体定位与特点。这决定了功能与用户需求的匹配度，从而影响用户接受度。
>
> 如果您可以提供以上数据，我可以利用机器学习模型综合判断新功能的用户接受度与效果。但实际结果仍需您在新功能上线后根据提供的用户使用数据与反馈来确认。我们可以一起分析数据与优化判断，以持续提高预测的准确性。

> **Tom 向 ChatGPT 发送如下请求消息。**
>
> 如下是我提供的主要用户群体与市场调研的数据，还提供了 App 过去 6 个月的用户活跃数据。
>
> 1. 日活跃用户量：日平均 200 万，周活跃用户 300 万，月活跃用户量 500 万。
> 2. 用户使用时长：日均使用时长 35 分钟，社交活跃用户日均时长超过 45 分钟。
> 3. 社交活跃用户占比：约 60% 的月活跃用户可以界定为社交活跃用户。
> 4. 过去 3 款新功能上线的数据：新功能上线后第 1 周日活跃用户增长 5%～8%，第 2 周增长趋于平稳。社交活跃用户的使用时长在新功能上线后增加 10%～15%。

> **ChatGPT 的回答如下。**
>
> 非常感谢您提供的详细数据。根据数据与我的预测模型，对新功能上线后的效果判断如下：
> 1. 根据主要用户与市场调研，判断新功能的用户转化率与目标用户群。
> 2. 新功能可带来的活跃用户增长幅度与使用时长提升。
> 3. 参考同类 App，考虑新功能的中长期效果，如 2～3 个月后的活跃变化。
> 4. 提醒密切监测上线后 2～3 周的数据与反馈，以判断预测准确度与后续策略。

5.3 ChatGPT 辅助产品数据与指标驱动决策

ChatGPT 可以在产品数据与指标驱动下，为产品决策与发展提供以下辅助。

（1）持续追踪并分析关键产品指标的历史变化与未来趋势，检测产品运营状况与效果的变化，并基于分析结果提出相应的决策建议，供产品经理与团队参考。这需要 ChatGPT 可以访问产品经理提供的历史产品数据，运用机器学习与统计分析方法跟踪关键指标的变化，判断产品效果与运营状况，并根据变化提出改进建议。但建议的采纳与否仍需产品经理判断。

（2）在进行重大策略决策时，ChatGPT 可以根据产品数据与指标，评估不同方案选项的优劣势与潜在风险，提供数据驱动的决策分析与建议。但最终决策方案的选择需要产品经理与管理层根据产品战略目标进行权衡。

（3）ChatGPT 可以用于数据驱动的产品路线图规划。通过综合分析用户数据、产品数据与市场数据等，预测未来产品发展的趋势与机会，并提出产品发展路线图的建议。

所以，在产品数据与指标驱动下，ChatGPT 可以通过对历史与当前数据的分析，为产品决策与发展提供建议与路线图大框架，这有助于产品经理与相关团队进行讨论并做出判断。但 ChatGPT 能提供的仅是根据数据与模型给出的参考方案与蓝图，最终路线的制定与决策仍需要产品经理与各相关部门共同完成。

5.3.1 案例8：评估产品效果与运营状况

下面通过具体案例介绍一下如何使用ChatGPT辅助产品数据与指标驱动决策。

案例背景

产品经理需要评估产品效果与运营状况，需要关注关键产品指标如DAU（日活跃用户数）与用户留存率等的变化与趋势。

动手示例

> **Tom向ChatGPT发送如下请求消息。**
>
> 我们App的DAU与用户留存率过去6个月的数据如下，帮我评估产品效果与运营情况。
>
> | 月份 | DAU(万) | 用户留存率(%) |
> | --- | --- | --- |
> | 1月 | 125 | 32 |
> | 2月 | 145 | 35 |
> | 3月 | 160 | 33 |
> | 4月 | 178 | 28 |
> | 5月 | 195 | 30 |
> | 6月 | 210 | 32 |

> **ChatGPT的回答如下。**
>
> 好的，根据提供的数据，我的分析与建议如下。
>
> DAU：6个月DAU持续稳定增长，增长率在20%～30%，这显示用户规模在稳步扩大。但4月DAU增长率达到最大值33%，其他月份在20%～25%，这可能是因为4月开展了较大规模的推广活动，获得了更多新用户。建议在其他月份也开展定期推广，维持DAU增速在25%～30%。
>
> 用户留存率：前3个月保持在32%～35%，达到较高水平。但4月下降至最低值28%，这可能是因为推广活动获取的部分新用户质量较低，不易留存。5月有所回升至30%，显示产品改进与用户培育奏效。建议加大新用户使用激励与社区互动，提高新用户黏性，将用户留存率维持在32%～35%。
>
> 综上，产品DAU与规模增长良好，但用户留存率受新用户质量影响有所波动。建议：
>
> （1）每月定期开展中小规模推广活动，确保DAU增长率保持25%以上；
>
> （2）加强新用户使用体验与社区培育，提高新用户黏性，将用户留存率控制在32%～35%的目标范围；
>
> （3）继续跟踪两项指标的变化，如用户留存率持续运行在28%以下，需检查相关运营数

据判断原因及时进行产品与运营优化。

5.3.2 案例9：用户留存率分析与改进决策

下面再通过一个具体案例介绍一下如何使用ChatGPT辅助产品数据与指标驱动决策。

案例背景

一款社交媒体App的用户留存率最近下降至28%，产品经理希望利用ChatGPT分析用户行为数据，找出影响因素，并提出提高留存率的建议。

动手示例

> **产品经理向ChatGPT发送如下请求消息。**
>
> 我们社交App的用户留存率从38%下降到28%，这使我们很担忧。我们收集了近3个月主要用户行为数据，包括登录频率、内容生成与互动次数等，请您帮助我们分析数据找出影响用户流失的因素，并提出提高留存率的建议。
>
> 以下是我提供的3个月用户行为数据。
>
> 1月 10次　　25次　　38次
> 2月 9次　　 23次　　36次
> 3月 8次　　 21次　　31次

> **ChatGPT的回答如下。**
>
> 很遗憾看到用户留存率的下降。根据提供的数据，影响用户流失的主要因素可能为：
>
> 1. 新用户首周登录频率下降20%，显示新用户体验与理解有所欠缺。建议优化新用户教程与引导，提高新用户对产品的吸引力与熟悉度。
>
> 2. 活跃用户内容生成频率下降15%，这会使相关用户更易流失。建议增加内容创作激励，如加入分享有奖等机制鼓励用户持续发布内容。
>
> 3. 用户互动次数下降10%~18%，这可能会削弱用户之间的社区纽带与归属感。建议加强社交场景与互动功能设计，增强用户之间的联系与互动。
>
> 基于此，我的主要建议为：
>
> 1. 优化新用户体验，增加新用户教程与引导，提高新用户登录频率。
>
> 2. 增加内容生成激励，通过有奖励等机制鼓励用户持续发布内容。
>
> 3. 加强社区互动设计，丰富社交场景与功能，增强用户之间的联系与互动。
>
> 4. 持续监测用户数据变化，如留存率未见恢复，需进一步检查产品与运营数据，不断优化与改进。

5.4 本章总结

本章主要介绍了如何使用ChatGPT辅助产品数据分析。首先，探讨了ChatGPT在产品数据收集和分析中的作用，包括数据查询与提取、快速生成数据摘要和数据质量检查。通过案例展示了使用ChatGPT辅助健康管理App和电商App制作数据可视化图表的过程。

接着，讨论了使用ChatGPT进行用户行为分析与预测的方法。通过案例展示了如何使用ChatGPT辅助产品功能优化和新功能接受度预测的过程。利用ChatGPT的智能分析能力，产品经理可以更加准确地了解用户行为和需求，从而做出针对性的优化和改进决策。

在产品数据与指标驱动决策方面，介绍了如何利用ChatGPT辅助评估产品效果与运营状况，以及进行用户留存率分析与改进决策的方法。通过案例展示了如何使用ChatGPT进行产品指标分析，并基于分析结果做出相应的决策。

综上，本章详细介绍了如何使用ChatGPT辅助产品数据分析，包括数据收集与分析、用户行为分析与预测，以及产品数据与指标驱动决策。ChatGPT的应用使产品数据分析更加高效和精确，帮助产品经理深入了解用户需求、优化产品功能，并基于数据做出决策，从而提升产品的质量和用户满意度。

第6章

ChatGPT 辅助用户体验设计

用户体验设计（User Experience Design）是产品设计过程中至关重要的一环，它关注用户在使用产品时的感受、情感和互动体验。

在本章中，我们将探讨ChatGPT在用户体验设计中的应用和优势，学习如何利用ChatGPT进行用户研究、用户画像分析，以及ChatGPT在界面设计和交互设计中的应用。我们还会分享一些实际案例，展示使用ChatGPT辅助设计用户体验的过程。

6.1 用户体验设计的基本概念和重要性

用户体验设计的目标是使用户在使用产品或服务时感到满意、愉悦和便捷。它关注用户的感知、情感、行为和认知过程，并努力创造出符合用户期望和目标的产品体验。

用户体验设计的重要性体现在以下几个方面。

（1）用户满意度：良好的用户体验能够提高用户的满意度，使他们更愿意使用产品或服务，并对其产生积极的情感和态度。用户满意度直接影响产品的口碑和用户忠诚度。

（2）用户参与度：用户体验设计可以提高用户的参与度和黏性。当用户在使用产品时有了良好的体验，他们才更有可能长期使用产品、参与产品的社区，并把产品推荐给他人。

（3）用户效率和效果：用户体验设计旨在使用户能够更高效地完成任务并达到预期的效果。良好的用户体验能够减少用户的认知负担，降低其错误率，提高他们的工作效率和任务完成率。

（4）竞争优势：在竞争激烈的市场中，良好的用户体验可以成为产品差异化的关键因素。如果产品的用户体验更好、更符合用户需求，那么它将有更大的竞争优势，吸引更多的用户选择和使用。

综上，用户体验设计是产品设计中不可或缺的环节。它以用户为中心，通过深入理解用户需求、行为和情感，为用户创造出满意的产品体验，从而提升产品的价值、用户满意度和竞争力。

6.2 ChatGPT在用户体验设计中的应用场景和优势

ChatGPT在用户体验设计中具有广泛的应用场景和一些优势。

其具体的应用场景如下。

（1）用户研究：ChatGPT可以用于进行用户调研和用户洞察，通过与用户对话交流，了解他们的需求、偏好和痛点，从而为产品设计提供有价值的用户反馈。

（2）用户画像分析：ChatGPT可以根据用户提供的信息，帮助设计师生成用户画像，包括用户的特征、行为模式、喜好等，帮助更好地理解目标用户群体，指导设计决策。

（3）交互设计：ChatGPT可以辅助设计师进行交互设计，提供创意和建议，帮助设计师优化用户界面、交互流程和信息架构，以提升用户体验。

（4）用户支持与导航：ChatGPT可以作为虚拟助手或聊天机器人，为用户提供实时的用户支持和导航,解答他们的问题、提供指导,改善用户的使用体验。

其优势表现如下。

(1)快速迭代:ChatGPT可以快速生成响应和建议,使设计师能够更快地尝试不同的设计方案和交互模式,从而加快产品迭代的速度。

(2)多样的观点:ChatGPT可以提供多个不同的观点和创意,帮助设计师拓宽思路,避免陷入固定的思维模式,从而促进创新和提供独特的用户体验。

(3)个性化建议:通过与ChatGPT进行交互,设计师可以获得基于用户数据和用户反馈的个性化建议,更好地理解用户需求,提供定制化产品体验。

(4)用户情感分析:ChatGPT可以分析用户的情感和情绪,识别用户的喜好和痛点,从而帮助设计师设计出更加情感化和贴近用户情感的产品体验。

总的来说,ChatGPT在用户体验设计中具有辅助、促进创新和提供个性化建议的优势。它可以帮助设计师更好地理解用户需求,并加速产品迭代和优化过程,从而提升用户体验的质量和满意度。然而,需要注意的是,ChatGPT作为辅助工具,其建议仍然需要由人工设计师进行专业判断和决策。

6.3 利用ChatGPT进行用户研究和用户画像分析

在用户研究与画像分析阶段,设计师可以向ChatGPT提供产品相关的用户反馈与行为数据。ChatGPT会基于数据与算法,分析不同用户群的特征、技能与需求等,提取出用户洞察与设计要点。

6.3.1 用户研究

用户研究是用户体验设计的基础,它通过调查、访谈、焦点小组等方式收集用户反馈与行为数据,深入理解不同用户的心理特征、使用技能、内容偏好与需求诉求等,为后续的交互设计与界面设计提供数据依据与支持。

设计师可以利用ChatGPT等AI系统从用户研究数据中获得深入的用户洞察。例如,设计师可以提供App的用户调查反馈与使用行为日志,ChatGPT可以分析出以下几点内容:

(1)高频使用用户的共同点与操作习惯,这有助于在界面设计上有针对性地提升用户体验;

(2)不同年龄段与地区用户的内容偏好与功能需求,这可以为功能设计与内容策略提供重要参考;

(3)新用户在产品学习与使用上的主要难点,这有助于设计师增强新用户教程与体验引导的针对性。

在分析用户研究结果方面,ChatGPT的应用可以增强设计师从海量数据中快速提取用户洞察的能力。但设计师也需要根据自身的产品与行业经验对结果进行判断,避免过度依赖AI产生的泛化建议。多角度分析加上人与AI的互动协作,可以在理解用户上达成更全面与深入的认知。

6.3.2 案例1：使用ChatGPT辅助进行用户研究

下面通过具体案例介绍一下如何使用ChatGPT辅助进行用户研究。

案例背景

我们的内容社交App最近上线了一些新的社交互动功能，目的在于鼓励用户之间的在线互动与连接。但上线一个月来，新功能的使用率与留存率并不理想，没有达到预期的业务效果与指标。为深入理解影响功能效果的关键因素，产品设计团队对新功能的用户进行了研究，包括以下三个方面：

（1）20位活跃用户的深入访谈，了解功能使用场景、体验反馈与优化建议；

（2）200位用户的在线调查，了解功能的发现渠道、学习难易度、使用频率与留存意愿；

（3）用户使用日志分析，挖掘用户特征、操作路径与部分流失原因。

研究目的在于从提高新功能使用率、活跃度与留存率的角度出发，考虑如何优化设计与改进用户体验。我们需要获得对研究结果的分析与建议，选择对用户体验产生最大影响的优化点。

动手示例

> **产品设计团队向ChatGPT发送如下请求消息。**
>
> 以下是我们对新功能用户的研究结果，包含定性访谈记录、定量调查数据与用户使用日志的相关信息。我们在20位活跃用户访谈中，了解大多数用户会在发布动态或评论后使用新功能与好友互动；但也有用户反映功能的交互逻辑不够清晰，造成体验不连贯。
>
> 1. 访谈记录
>
> 用户A：新功能的互动方式很新颖，但界面有点复杂，第一次使用需要一定时间理解与熟悉。
>
> 用户B：如果能简化点操作流程，新功能会更易上手与使用。现在的交互有待优化。
>
> 用户C：新功能带来的社交互动效果挺不错，但学习难度可能会妨碍更多用户使用与留存。
>
> 2. 在线调查数据
>
> 性别：男 50%　　女 50%
>
> 年龄：18～30岁 60%　31～40岁 30%　40岁以上 10%
>
> 3. 发现渠道
>
> 内推荐：120人　　社交分享：40人　　其他：40人
>
> 4. 新功能易用度
>
> 非常易用：80人　中立：60人　　较难掌握：40人　　难以使用：20人
>
> 5. 日志分析报告
>
> | 首次使用时间 | 第二日留存用户 | 留存率 |
> | :-: | :-: | :-: |
> | <1min | 50人 | 50% |

1~3min	35 人	58%
3~5min	15 人	60%
>5min	25 人	75%

社交互动次数：

>3 次的用户，7 日留存率达 85%

2~3 次的用户，7 日留存率达 65%

<2 次的用户，7 日留存率仅 50%

……

ChatGPT 的回答如下。

非常感谢您提供的详细研究结果。我对数据进行了整理与分析，主要发现如下：

1. 浏览动态或评论后使用功能的用户达 73%，他们倾向于与好友就刚看到的内容互动，这是功能的主要使用场景与驱动力，我们需要在这一场景下进一步优化交互体验。

2. 约 28% 的用户反映功能的交互逻辑过于复杂，影响体验流畅度，我们需要简化操作流程，改进功能的连贯性与一致性。

3. 功能周活跃用户留存 7 天后占比 34%，这个指标需要提高。我们需要加入更多社交反馈机制与互动效果展现，如互动消息提醒、影响力展示等功能以提高用户黏性。

4. 不同年龄段的用户在内容题材方面有所偏好，这可以为功能的个性化推荐与定向运营提供参考。我们需要收集更多用户反馈来持续优化这一方面。

综上，我的主要建议为：

1. 针对用户主要使用场景进一步优化交互体验与流程；

2. 简化功能操作流程，提高连贯性与交互逻辑清晰度；

3. 加入社交反馈与互动效果展现机制，提高用户活跃度与留存率；

4. 持续优化内容与用户个性化推荐，满足不同用户需求。

6.3.3 用户画像分析

用户画像分析在理解不同目标用户群的基础特征、偏好与需求方面具有关键作用。它可以根据性别、年龄、地区、技能等维度细分用户群，定义不同用户画像的特点与设计要素。ChatGPT 在用户画像分析中主要可提供以下两方面支持。

（1）从研究数据中识别不同用户特征，进行初步用户细分。例如，根据年龄、技能与内容偏好将用户分为"资深用户""新晋用户"与"活跃用户"等类别。

（2）基于用户细分结果，定义不同用户画像的特征、需求与设计要点。例如，"活跃用户"更注重社交功能，偏好互动丰富的内容与界面；"新晋用户"在理解产品与操作交互上会遇到更多困难，需要简洁直观的教程与引导等。在用户画像定义与设计要点的提炼方面，ChatGPT可以作为辅助工具为设计师提供数据支撑与参考方案。

6.3.4 案例2：使用ChatGPT辅助进行用户画像分析

下面通过具体案例介绍一下如何使用ChatGPT辅助进行户画像分析。

案例背景

我们的内容社交App针对不同用户群开展了详细研究，获得的用户特征数据如下。

性别：男 50%　女 50%

年龄：18～30岁 60%　31～40岁 30%　40岁以上 10%

技能：初级用户 20%　中级用户 40%　高级用户 40%

周内容互动次数：>10次 40%　5～10次 30%　<5次 30%

根据这些特征数据，让ChatGPT进行辅助进行用户画像分析。

动手示例

> 👤 **产品设计团队向ChatGPT发送如下请求消息。**
>
> 　　我们最近开展的用户研究获得了很多有价值的数据，这个研究主要关注我们内容社交App的不同用户群。我们获得的用户特征数据如下：
>
> 　　性别：男 50%　女 50%
>
> 　　年龄：18～30岁 60%　31～40岁 30%　40岁以上 10%
>
> 　　技能：初级用户 20%　中级用户 40%　高级用户 40%
>
> 　　周内容互动次数：>10次 40%　5～10次 30%　<5次 30%

> 💬 **ChatGPT的回答如下。**
>
> 　　非常感谢您提供这些详细的数据，这对我理解不同用户群的特征与需求至关重要。根据这些数据，我会将用户初步划分为：
>
> 　　资深用户：年龄偏大，技能高级，内容互动频繁，占比30%～40%。
>
> 　　活跃用户：年轻群体，技能中高级，内容互动较频繁，占比40%～50%。
>
> 　　新晋用户：年轻初学者，技能初级，内容互动较少，占比20%。
>
> 　　在此基础上，我们可以进一步探讨不同用户群的特征与设计要点。请让我知道您对上述用户划分的想法，我也很乐意听取您的其他建议。

6.4 ChatGPT在界面设计和交互设计中的应用

在界面设计和交互设计中，ChatGPT可以应用于以下几个方面。

（1）设计灵感和生成创意：ChatGPT可以与设计师进行对话，帮助他们生成创意和提供设计灵感。设计师可以描述他们的需求和想法，让ChatGPT生成相关的设计概念、风格建议或具体的设计元素，帮助设计师拓宽思路和发掘新的设计方向。

（2）用户反馈和用户测试：ChatGPT可以模拟用户对界面和交互的反馈。设计师可以与ChatGPT进行对话，提供设计原型或界面截图，然后让ChatGPT模拟用户使用产品并提供反馈。这可以帮助设计师在设计过程中了解用户的感受和需求，以提升用户体验。

（3）交互流程设计：ChatGPT可以与设计师协作，帮助设计师设计产品的交互流程和用户导航。设计师可以描述产品的功能和目标，让ChatGPT提供交互设计建议、流程图示例或交互细节的优化建议，以确保产品的交互设计符合用户的期望和需求。

（4）决策支持：ChatGPT可以在界面设计和交互设计的决策过程中提供支持。设计师可以与ChatGPT进行对话，与其讨论设计方案、界面布局、色彩选择、交互方式等，ChatGPT可以提供反馈、建议和相关知识，帮助设计师做出更好的决策。

综上，ChatGPT在界面设计和交互设计中可以作为一个辅助工具，与设计师进行对话和协作，提供设计灵感、用户反馈、交互流程设计和决策支持，以提升设计质量和用户体验。

6.4.1 案例3：使用ChatGPT辅助内容创作与分享平台用户体验设计

下面通过具体案例介绍一下如何使用ChatGPT辅助进行用户体验设计。

案例背景

我们的公司是一家创业公司，主营一款内容创作与分享平台。产品定位为创意者群体，目标用户主要为18～30岁的写作爱好者、摄影发烧友及设计师等。平台目前的主要功能有以下几种。

（1）内容创作：支持文字、图片、视频及图文混合格式的内容创作与发布。

（2）兴趣社区：用户可以加入不同的创作兴趣社区，与志趣相投的作者互动交流。

（3）评论与点赞：用户可以对其他作者的内容进行评论、点赞及分享。

（4）作品集：用户可以将自己的作品添加到作品集中，生成主页以展示自己的创作风格与成果。

现在产品团队需要重新设计App的用户首页（作品集主页）界面及核心交互逻辑，提高作品集功能的使用频率与用户体验。设计的目标如下。

（1）突出作品集主页的个人化特征，让用户可以一眼看出主页属于哪一位作者。

（2）作品集内容丰富，界面直观展示用户的全部创作作品，包括文字、图片、音视频等多种格式。

（3）核心交互逻辑清晰简单，用户在3秒内就可以进入作品集主要内容区。

（4）色彩搭配简洁大气但不乏创意，符合年轻创作者的审美偏好。

Mary作为产品设计师，需要在上述要求的基础上设计作品集主页的界面样式、交互逻辑及视觉风格。在这个设计过程中，Mary决定使用ChatGPT来协助她提高设计效率与创新性。

Mary与ChatGPT互动的步骤如下。

动手示例

Mary向ChatGPT提供的详细信息如下。

设计目标

1. 突出作品集主页的个人化风格，让用户一眼就能识别出该页面属于哪一位作者。
2. 作品集内容丰富，能够展示作者所有的创作作品，包括文字、图片、视频和图文等多种形式。
3. 核心交互体验简单清晰，用户在3 s内就能够进入主要内容区域。
4. 色彩搭配简洁时尚但富有创意，符合年轻创作者的审美偏好。

产品定位

针对18～30岁的创意者群体提供内容创作与分享平台。

满足用户创作与展示自我的需求，打造简单高效的创作与互动环境。

支持文字、图片、视频和图文混合形式的内容创作与分享。

用户可以通过作品集主页展示自己所有的创作成果与风格特点。

目标用户属性

年龄段：18～30岁

性格特征：创新、原创、想象力丰富

生活中心：创作、阅读、内容消费与分享

审美偏好：简洁大气、个性鲜明、富有想象力

Mary向ChatGPT详细描述这些信息的目的是让其对作品集主页的设计目标、产品定位与目标用户有清晰的认知，这样ChatGPT在后续提供的界面方案与交互建议才能更加贴近需求并达到预期效果。当ChatGPT真正理解了这些设计上下文，其输出的创意与决策支持才会更加高质量与精准。

ChatGPT的回答如下。

下面是我给出的3个主页界面样式方案。

方案1：个性化风格

- 主打个性化元素，如明显的特征色、自定义字体等。
- 以时间轴方式展示所有的创作作品，突出作者的创作脉络与进化。
- 首页只有几个大块，内容富有层次但不会显得过于密集。
- 简洁的交互方式，3秒内直接进入时间轴页面。

方案2：内容丰富风格
- 首页多栏布局，能同时展示多种类型的创作作品。
- 图片、视频与文字混合排布，丰富的视觉表现手法。
- 采用网格交互模式，用户可以高效浏览所有的创作内容。
- 色彩选择简洁时尚，主要依托作品本身的色彩搭配。

方案3：创意概括风格
- 首页设计有强烈的概括和提炼性，采用创意手法进行艺术加工处理。
- 仅选取个人代表作或作品系列进行展示，进行高度创意化呈现。
- 色彩和视觉风格富含设计师的个人风格，展现设计感与审美偏好。
- 简单的交互逻辑，三秒内进入创意作品概览页面。

6.4.2 案例4：使用ChatGPT辅助K12在线学习App进行用户体验设计

下面再通过具体案例介绍一下如何使用ChatGPT辅助进行用户体验设计。

案例背景

我们公司是一家在线教育公司，旗下的主要产品是一款K12在线学习App。产品团队现在需要重新设计App的考试功能界面，提升该功能的使用体验与学习效率。设计目标如下：

（1）简洁清晰的界面布局，考试功能入口一目了然。
（2）复现传统考试环境，同时融入在线学习的体验优势。
（3）支持及时反馈与答题解析，提高作答的学习成效。
（4）支持文字与图表作答，覆盖全面学科考试需求。

Vivian是产品设计师，她决定与ChatGPT合作来设计考试功能界面。

Vivian与ChatGPT互动的步骤如下。

第1步：ChatGPT首先提出3~4种高层次的页面结构方案供Vivian选择。

动手示例

> **Vivian向ChatGPT提供的详细信息如下：**
>
> 设计目标与考试功能要求如下，给我一些设计方案与界面交互建议。
>
> 设计目标：
>
> 1. 考试界面简洁大气，没有过多的装饰元素，让用户可以高度集中注意力。
> 2. 问题与选项清晰易读，用户可以快速理解与作答。
> 3. 提供标准倒计时功能，增加考试的逼真感与压力感。
> 4. 结果页面直观易懂，可以快速判断自己的表现。
>
> 考试功能要求：

1. 支持多种题型，包括单选、多选、判断与填空题。用户可以灵活设置题目数量与类型。
2. 系统自动记录用户的答题数据与时间，可以在结果页面中展示。
3. 提供标准的倒计时设置，时间结束后系统自动提交结果。
4. 结果页面展示详细的答题报告，包括每道题的答案解析、用户答案、得分等信息。
5. 支持退出与重新开始功能。用户可以随时中断当前考试并重置为未开始状态。
6. 考试结束后可以再次挑战或查看解析、讨论等，实现社交学习与互动。

ChatGPT 的回答如下。

好的，我首先会提出 3~4 种高层次的页面结构方案供 Vivian 选择，例如：
A. 结果页面（考试时长、得分等）- 题目页面（标准倒计时）- 结束页面
B. 题目页面（倒计时）- 结果页面 - 解析页面
C. 主页（考试规则）- 题目页面（倒计时）- 结果页面 - 解析页面

接下来，Vivian 可以根据自己的偏好选择合适的页面流程与结构。
第 2 步骤：在 Vivian 选择页面结构方案后，ChatGPT 会提出相应的布局与风格建议。

Vivian 向 ChatGPT 发送指令如下。

我选择 B 结构，你可以给出相应的布局与风格建议吗？

ChatGPT 的回答如下。

好的，我提出以下布局与风格建议：

1. 页面布局：（1）题目页面：上方显示考试题目与选项，下方显示标准倒计时。考试内容区域占页面 2/3 空间，倒计时区占 1/3 空间。

（2）结果页面：上方显示总得分与正确率，中部显示每道题的得分结果与提示，下方显示再挑战或查看解析按钮。上下各占 1/3 空间，中部占 1/3 空间。

（3）解析页面：上方显示每道题的详细解析，下方显示返回或结束按钮。上方占 2/3 空间，下方占 1/3 空间。

2. 页面风格：青春简洁风格，以白色或灰色为背景色，橙色作为特色 icolor 使用在标题、按钮等要素上。字体以圆体或无衬线字体为主，字号大小范围为 16px~22px。较大空间的页面使用 14px 左右的间距，较小空间页面使用 8px 左右的间距。

3. 按钮设计：圆角按钮，背景橙色，字体白色，hover 效果橙色加深，active 效果白色字体与橙色加深背景。

4. 图标设计：简单线性图标，与 buttons 风格统一，橙色或白色。尺寸请参考系统默认。

5. 动效设计：无过多装饰的动效，主要通过颜色变化或元素滑入滑出来表达交互。结束页面可使用淡入淡出的动效作为页面切换效果。

第 3 步：在功能设计上，Vivian 描述具体的交互逻辑与元素连接方式。

> 🗨 **Vivian 向 ChatGPT 发送如下信息。**
> 考试系统中各页面之间的连接关系，以及在页面内部相关元素的交互逻辑，包括：
> 1. 页面间的连接：
> - 题目页面 -> 结果页面：提交答案后跳转
> - 结果页面 -> 解析页面：点击查看解析按钮跳转
> - 解析页面 -> 题目页面：点击重新挑战按钮跳转
> - 解析页面 -> 结束页面：点击结束考试按钮跳转
> 2. 页面内部的交互逻辑：
> - 题目页面：选择答案后，提交答案按钮高亮，点击后校验答案并跳转结果页面。
> - 结果页面：点击不同题号，显示相应题目得分与提示。点击查看解析按钮后跳转解析页面。
> - 解析页面：点击不同题号，显示相应解析内容。点击重新挑战按钮返回题目页面。点击结束考试按钮结束考试。
> - 倒计时：在题目页面开始计时，在提交答案后清零，在返回题目页面重新开始倒计时。
> 3. 相关元素：提交答案按钮、各题号按钮、重新挑战按钮、结束考试按钮、倒计时等。

在 Vivian 描述完整的交互逻辑与功能流程后，ChatGPT 需要基于此完成原型中各页面的连接、元素编辑与交互设置。

 提示
到目前为止，ChatGPT 还不能直接生成 Axure 或 Figma 原型文件，因此需要设计者自己完成，或者选择其他的原型设计工具。

6.5 本章总结

本章主要介绍了 ChatGPT 在用户体验设计中的应用。首先，介绍了用户体验设计的基本概念和重要性，强调了用户体验对产品成功的关键作用。接着，探讨了 ChatGPT 在用户体验设计中的应用场景和优势，包括用户研究、用户画像分析、界面设计和交互设计等方面。

在用户研究和用户画像分析方面，详细介绍了如何利用 ChatGPT 辅助进行用户研究和用户画像分析。通过案例展示了如何使用 ChatGPT 进行用户访谈和分析用户需求，以及如何利用 ChatGPT 进行用户画像的创建和分析。ChatGPT 的智能对话能力和语言理解能力使用户研究和用户画像分析更加高效和准确。

在界面设计和交互设计方面，通过案例展示了如何利用 ChatGPT 辅助进行内容创作与分享平台和 K12 在线学习 App 的用户体验设计。ChatGPT 可以帮助产品经理生成创意和设计方案，提供交互设计建议，从而改善产品的界面和交互体验，提升用户满意度。

综上，本章详细介绍了ChatGPT在用户体验设计中的应用。通过利用ChatGPT进行用户研究、用户画像分析和界面设计，产品经理可以更好地理解用户需求，优化产品体验，提升用户满意度。ChatGPT的智能辅助能力为用户体验设计提供了新的思路和工具，使设计过程更具创造性，更加高效。

第 7 章 ChatGPT 辅助产品原型设计

产品原型设计是产品开发过程中必不可少的一环,它通过创建产品低保真度的模型来检验设计方案与核心假设,实现产品设计的快速迭代与优化。产品原型设计的主要目的有以下三个。

(1)验证设计方案与产品架构:通过原型设计可以在低成本下构建产品框架,让目标用户在真实环境中体验并提出反馈,检验设计方案是否合理与可行。这可以最大限度减少产品上市的风险。

(2)收集用户反馈与改进产品:通过原型设计可以让目标用户参与设计过程,在使用过程中提出宝贵的意见与建议。这有助于设计师进一步优化产品,提供更加简单与高效的用户体验。

(3)减少开发成本与缩短产品周期:通过原型设计可以在开发正式产品前验证设计方案的可行性,避免在开发后期出现重大问题而导致大量资源浪费。这可以最大限度缩短产品上市周期,减少研发投入。

在产品原型设计过程中,ChatGPT可以发挥的主要作用体现在以下三个方面。

(1)快速生成线框图或UI参考,加速产品原型设计的构思与思考。

(2)根据功能或交互描述生成页面框架与信息架构,指导设计师进行原型的细节设计。

(3)根据评审反馈与修改意见修订线框图或原型,实现产品设计的快速迭代。

7.1 产品线框图

线框图(Wireframes):线框图是一种低保真度的静态图形表示,主要关注产品的结构和布局。它通常以简单的黑白或灰度图形呈现,强调界面元素的位置、大小和排列方式。线框图通常用于初步概念验证、页面布局和信息结构的设计。图7-1所示的是笔者开发的"我的备忘录"手机版App产品设计线框图。

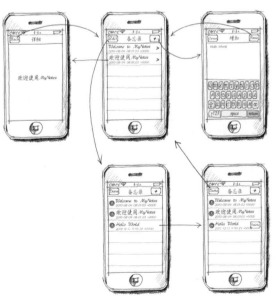

图7-1 "我的备忘录"手机版App设计线框图

7.2 产品原型

原型（Prototype）是一个模拟或仿真的产品版本，用于展示和测试产品的功能、交互和用户体验。原型可以是低保真度的，例如纸质原型或简单的线框图，也可以是高保真度的，包括交互式的数字原型。

图 7-2 所示的是使用 HTML 制作的"我的备忘录"列表页面，它是一种中保真度原型；图 7-3 所示的是用 Android 开发工具制作的高保真度的原型。

图 7-2　用 HTML 制作的"我的备忘录"列表页面　　图 7-3　高保真度的"我的备忘录"列表页面

在产品原型设计中，有许多专门用于创建和展示原型的工具可供使用，如下是一些常用的产品原型设计工具。

（1）Axure RP：它是一款专注于交互设计和高保真原型的工具。它提供丰富的交互功能和条件逻辑，可以创建复杂的用户体验流程和原型。

（2）Adobe XD：它是一款功能强大的原型设计工具，具有创建交互式原型和界面设计的能力。它提供丰富的设计工具和资源，可以轻松创建用户体验流程和动画效果。

（3）Sketch：它是一款针对界面设计的工具，被广泛用于创建网页和移动应用的原型。

7.3 使用ChatGPT辅助原型设计

ChatGPT 是自然语言模型工具，不能直接生成 Axure RP 或 Adobe XD 文件，也就是不能直接制作 Axure RP 或 Adobe XD 原型。如果想使用 ChatGPT 制作原型，可以通过 HTML、CSS、JavaScript 等 Web 语言实现。注意，要通过 Web 语言实现，需要依托具体的 Web 框架，因为移动平台和桌面所使用的框架是不同的。

7.3.1 使用ChatGPT辅助制作移动应用原型

针对移动平台原型设计，笔者推荐使用 jQuery Mobile 框架，jQuery Mobile 是一款基于 HTML、

CSS和JavaScript的开源移动端UI框架，它的设计初衷是方便开发者创建移动Web应用。它提供一些预先设计过的UI组件和方便的JavaScript插件，可用于快速构建移动端的交互界面。

jQuery Mobile的优点在于以下几个方面。

- 轻量级：不占用太多资源，加载速度快。
- 完整性：包含很多UI组件和插件，方便开发者快速构建原型设计。
- 可定制性：提供多种主题样式，可以根据实际需求进行定制。
- 跨平台支持：支持多种移动平台，包括iOS、Android、Windows Phone等。

使用jQuery Mobile可以让我们专注于原型设计本身，而不用重复编写UI组件，可提高开发效率。同时也可以较好地满足用户对移动应用的交互和视觉体验需求。

7.3.2 案例1：使用ChatGPT辅助制作"我的备忘录"App原型

下面通过一个案例介绍如何使用ChatGPT辅助制作移动应用App原型。

案例背景

"我的备忘录"App是笔者曾经开发的一个App，该App不仅包括iOS平台，还包括Android平台。它的核心功能是添加、删除和查询备忘录信息。

"我的备忘录"App产品的主要功能如下。

- 增加备忘录。
- 删除备忘录。
- 查询备忘录。

我们的设计师针对不同的平台绘制了相应的设计线框图，图7-1所示的是手机版本的"我的备忘录"App，而图7-4和图7-5所示的是平板电脑版"我的备忘录"App。

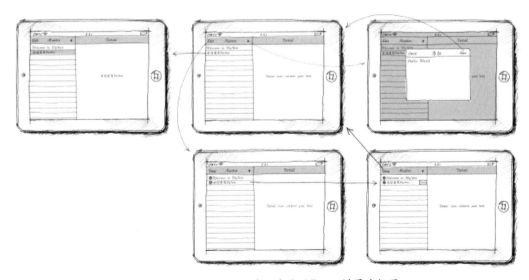

图7-4 平板电脑版"我的备忘录"App横屏线框图

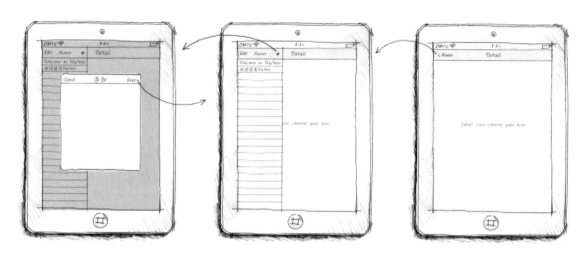

图 7-5　平板电脑版"我的备忘录"App竖屏线框图

具体步骤如下。

1. 设计和制作备忘录列表页面原型

根据图 7-1 所示的线框图，我们可以使用ChatGPT帮助设计和制作基于HTML页面的备忘录列表页面原型。

> 🧑 **设计师向ChatGPT发送如下请求消息。**
>
> 使用jQuery Mobile帮我绘制手机版"我的备忘录"列表页面原型，页面中有一个列表，页面顶部是一个导航栏，导航栏的左边是"编辑"按钮，右边是"添加"按钮。

> 🤖 **ChatGPT的回答如下。**
>
> 以下是示例代码，使用了jQuery Mobile框架，包含一个导航栏和一个备忘录列表：
>
> ```
> <!DOCTYPE html>
> <html>
> <head>
> <title>我的备忘录</title>
> <meta name="viewport" content="width=device-width, initial-scale=1">
> <link rel="stylesheet" href="https://code.jquery.com/mobile/1.4.5/jquery.mobile-1.4.5.min.css">
> <script src="https://code.jquery.com/jquery-1.11.3.min.js"></script>
> <script src="https://code.jquery.com/mobile/1.4.5/jquery.mobile-1.4.5.min.js"></script>
> </head>
> <body>
> <!-- 导航栏 -->
> ```

```html
<div data-role="header">
<!-- 编辑按钮 -->
<a href="#" data-icon="edit" class="ui-btn-left">编辑</a>
<h1>我的备忘录</h1>
<!-- 添加按钮 -->
<a href="#" data-icon="plus" class="ui-btn-right">添加</a>
</div>

<!-- 备忘录列表 -->
<div role="main" class="ui-content">
<ul data-role="listview" data-inset="true">
<li><a href="#">备忘录 1</a></li>
<li><a href="#">备忘录 2</a></li>
<li><a href="#">备忘录 3</a></li>
</ul>
</div>
</body>
</html>
```

复制上述代码，将代码保存后使用浏览器打开，结果如图 7-2 所示。

2. 设计和制作备忘录详细信息页面原型

根据图 7-2 所示的线框图，我们可以使用 ChatGPT 帮助设计和制作基于 HTML 页面的备忘录详细信息页面原型。

> 设计师向 ChatGPT 发送如下请求消息。
>
> 使用 jQuery Mobile 帮我绘制手机"我的备忘录"详细信息页面原型，页面中有一个文本标签，页面顶部是一个导航栏，导航栏的左边是"返回"按钮。

> ChatGPT 的回答如下。
>
> 以下是示例代码，使用了 jQuery Mobile 框架，包含一个导航栏和一个备忘录详细信息页面：

```html
<!DOCTYPE html>
<html>
<head>
<title>备忘录详情</title>
<meta name="viewport" content="width=device-width, initial-scale=1">
<link rel="stylesheet" href="https://code.jquery.com/mobile/1.4.5/jquery.mobile-1.4.5.min.css">
```

```html
<script src="https://code.jquery.com/jquery-1.11.3.min.js"></script>
<script src="https://code.jquery.com/mobile/1.4.5/jquery.mobile-1.4.5.min.js"></script>
</head>
<body>
<!-- 导航栏 -->
<div data-role="header" data-position="fixed">
<!-- 返回按钮 -->
<a href="#" data-icon="back" class="ui-btn-left" onclick="history.back();">返回</a>
<h1>备忘录详情</h1>
</div>

<!-- 备忘录详细信息页面 -->
<div role="main" class="ui-content">
<label for="memo">备忘录内容:</label>
<p id="memo">今天是五一,祝大家节日快乐。</p>
</div>
</body>
</html>
```

复制上述代码,将代码保存后使用浏览器打开,结果如图 7-6 所示。

图 7-6 备忘录详细信息页面

3. 设计和制作备忘录增加页面原型

根据图 7-1 所示的线框图,我们可以使用 ChatGPT 帮助设计和制作基于 HTML 页面的备忘录增加页面原型。

> **设计师向 ChatGPT 发送如下请求消息。**
>
> 使用 jQuery Mobile 帮我绘制手机"我的备忘录"备忘录增加页面原型,页面中有一个文本输入框,页面顶部是一个导航栏,导航栏的左边是"取消"按钮,右边是"保存"按钮。

> **ChatGPT 的回答如下。**
>
> 以下是示例代码,使用了 jQuery Mobile 框架,包含一个导航栏和一个备忘录增加页面:

```html
<!DOCTYPE html>
<html>
<head>
<title>添加备忘录</title>
<meta name="viewport" content="width=device-width, initial-scale=1">
<link rel="stylesheet" href="https://code.jquery.com/mobile/1.4.5/jquery.mobile-1.4.5.min.css">
<script src="https://code.jquery.com/jquery-1.11.3.min.js"></script>
<script src="https://code.jquery.com/mobile/1.4.5/jquery.mobile-1.4.5.min.js"></script>
</head>
<body>
<!-- 导航栏 -->
<div data-role="header" data-position="fixed">
<!-- 取消按钮 -->
<a href="#" data-icon="back" class="ui-btn-left" onclick="history.back();">取消</a>
<h1>添加备忘录</h1>
<!-- 保存按钮 -->
<a href="#" data-icon="check" class="ui-btn-right">保存</a>
</div>

<!-- 备忘录增加页面 -->
<div role="main" class="ui-content">
<form>
<!-- 文本输入框 -->
<label for="memo">备忘录内容:</label>
<textarea name="memo" id="memo"></textarea>
</form>
</div>
</body>
</html>
```

复制上述代码,将代码保存后使用浏览器打开,结果如图 7-7 所示。

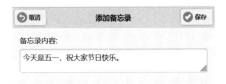

图 7-7 备忘录增加页面

7.3.3 使用ChatGPT辅助制作桌面应用原型

针对桌面应用原型设计，笔者推荐Bootstrap框架。Bootstrap 是一个流行的开源前端框架，用于快速构建响应式和移动优先的网站和 Web 应用程序。它基于 HTML、CSS 和 JavaScript，提供丰富的组件、样式和布局工具，简化了前端开发的过程。

Bootstrap 框架的优点体现在以下几个方面。

- 响应式设计：Bootstrap 提供响应式的网格系统，使网站能够在不同设备上自动适应并呈现良好的用户体验。
- 组件库：Bootstrap 包含大量的可重用组件，如导航栏、按钮、表格、表单、轮播图等，可以方便地在项目中使用，并且这些组件具有一致的样式和交互效果。
- 样式定制：Bootstrap 具有可定制的样式功能，用户可以根据项目需求修改颜色、字体、间距等样式属性，以满足设计要求。
- 布局工具：Bootstrap 提供强大的布局工具，如网格系统、响应式工具类和弹性盒子布局，帮助用户轻松创建灵活的页面布局。

7.3.4 案例2：使用ChatGPT辅助制作Todo List原型

下面再介绍一个案例，该案例是基于桌面应用的原型设计，本小节介绍一下如何使用ChatGPT制作桌面应用原型。

案例背景

Todo List（待办事项清单）用于管理自己的待办事宜。Todo List应用的功能如下。

（1）用户管理：支持用户注册和登录，可以设置个人信息。
（2）任务添加：用户可以添加新的待办任务，包括名称、描述、期限等。
（3）任务列表：用户可以查看所有待办任务的列表，可以按状态或日期过滤。
（4）任务详情：用户可以查看特定任务的所有详情。
（5）任务编辑：用户可以编辑未完成任务的信息，包括名称、描述和期限。
（6）任务完成：用户可以将未完成任务标记为已完成。已完成任务以完成状态显示在列表。
（7）任务删除：用户可以删除未完成或已完成的任务。已删除任务不会出现在任何列表中。

原型制作过程如下。

1. 页面划分

整理好用户需求后，可以使用ChatGPT帮助划分页面。

动手示例

> **设计师向ChatGPT发送如下请求消息。**
>
> Todo List项目需求如下，请帮我设计划分原型设计所需要的HTML页面。
> Todo List（待办事项清单）项目用于管理自己的待办事宜。Todo List项目功能需求：
> （1）用户管理：支持用户注册和登录，可以设置个人信息。
> （2）任务添加：用户可以添加新的待办任务，包括名称、描述、期限等。
> （3）任务列表：用户可以查看所有待办任务的列表，可以按状态或日期过滤。
> （4）任务详情：用户可以查看特定任务的所有详情。
> （5）任务编辑：用户可以编辑未完成任务的信息，包括名称、描述和期限。
> （6）任务完成：用户可以将未完成任务标记为已完成。已完成任务以完成状态显示在列表。
> （7）任务删除：用户可以删除未完成或已完成的任务。已删除任务不会出现在任何列表中。

> **ChatGPT的回答如下。**
>
> 1. 登录页面login.html：用于用户登录，校验用户名和密码。
> 2. 注册页面register.html：用于新用户注册，填入用户名、密码、邮箱等信息。
> 3. 个人中心页面profile.html：用户可以查看和编辑个人信息，如用户名、密码、邮箱等。
> 4. 任务列表页面task_list.html：展示所有的任务列表，可以过滤状态和日期，包含任务名称、状态、期限等信息。用户可以在此页面添加、编辑和删除任务。
> 5. 添加任务页面add_task.html：用于添加新任务，填入任务名称、描述、期限、优先级等信息。添加成功后跳转到任务列表页面。
> 6. 任务详情页面task_detail.html：展示特定任务的所有详细信息，用户可以在此页面将任务标记为已完成。
> 7. 编辑任务页面edit_task.html：用于编辑选定任务的信息，如名称、描述、期限等。编辑成功后跳转到任务详情或列表页面。

还可以让ChatGPT根据项目需求绘制页面关系（页面之间的跳转）。

动手示例

> **设计师向ChatGPT发送如下请求消息。**
>
> 再帮我绘制页面关系。

ChatGPT 的回答如下。

页面关系如下：

```
login.html
 ↓ 登录
register.html  ←——→  profile.html
 ↓ 注册              ↑编辑个人信息
task_list.html
 ↓ 查看列表
add_task.html  ←——→  edit_task.html
 ↓ 添加任务           ↑编辑任务
 ↓
task_detail.html
 ↓ 查看详情
```

2. 绘制页面关系图

ChatGPT以文本的方式返回页面关系，因此看起来可能不够直观。为了更好地展示页面关系，我们可以让ChatGPT使用PlantUML语言根据文本绘制页面关系图。

动手示例

设计师向ChatGPT发送如下请求消息。

页面关系如下，请使用PlantUML语言绘制页面关系图。

```
login.html
 ↓ 登录
register.html  ←——→  profile.html
 ↓ 注册              ↑编辑个人信息
task_list.html
 ↓ 查看列表
add_task.html  ←——→  edit_task.html
 ↓ 添加任务           ↑编辑任务
 ↓
task_detail.html
 ↓ 查看详情
```

ChatGPT 的回答如下。

```
@startuml
```

```
login.html -down-> register.html : 登录
register.html <--> profile.html : 注册
profile.html -up-> task_list.html : 编辑个人信息
task_list.html -down-> add_task.html : 查看列表
add_task.html <--> edit_task.html : 添加任务
edit_task.html -up-> task_list.html : 编辑任务
task_list.html -down-> task_detail.html : 查看详情

@enduml
```

复制上述代码，预览结果如图 7-8 所示。

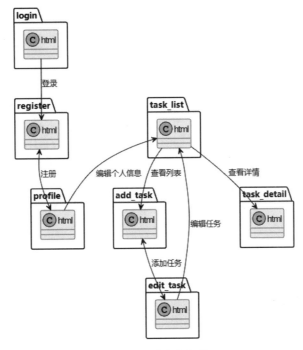

图 7-8　页面关系图

3. 生成原型页面

在进行原型页面设计时，为了让页面看起来更加漂亮，我们通常会依赖于一些前端框架。其中，Bootstrap 是一个非常不错的框架，它可以方便地制作出漂亮的页面。

如果想要使用 ChatGPT 来帮助生成页面，需要提供尽可能详细和具体的信息。需要明确所需页面的类型、布局、元素组成、颜色等，这样 ChatGPT 才能根据这些信息生成准确的页面。

> 设计师向 ChatGPT 发送如下请求消息。
>
> 使用 Bootstrap 框架生成登录 HTML 页面，用户 ID、用户密码和登录按钮，还有一个注

册链接。

⑤ ChatGPT 的回答如下。

```html
<!DOCTYPE html>
<html>
<head>
<meta charset="utf-8">
<title>登录</title>
<link rel="stylesheet" href="https://stackpath.bootstrapcdn.com/bootstrap/4.3.1/css/bootstrap.min.css">
<style>
body {
background: url(bg.jpg);
}
.card {
background: #fff;
border-radius: 20px;
box-shadow: 0 0 10px rgba(0, 0, 0, 0.2);
}
.form-control {
border-radius: 30px;
}
.btn-primary {
border-radius: 30px;
}
.fab {
font-size: 32px;
}
</style>
</head>
<body>
<div class="container">
<div class="card p-4 w-25 mx-auto mt-5">
<h2>登录</h2>
<form>
<div class="form-group">
<i class="fas fa-envelope fab" style="margin-right:10px"></i>
<input type="email" name="email" class="form-control" placeholder="邮箱">
</div>
<div class="form-group">
```

```
        <i class="fas fa-key fab" style="margin-right:10px"></i>
        <input type="password" name="password" class="form-control" placeholder="密码">
      </div>
      <button type="submit" class="btn btn-primary btn-block">登录</button>
    </form>
  </div>
  <a href="注册页面.html">还没有账号？点击注册</a>
</div>
</body>
</html>
```

复制上述代码，将代码保存为login.html，然后使用浏览器打开login.html，结果如图7-9所示。

图7-9　登录页面

重复上述步骤生成其他页面，图7-10所示的是任务列表页面，图7-11所示的是添加任务页面。其他页面不再赘述，读者可以在本书配套代码中找到。

图7-10　任务列表页面

图 7-11　添加任务页面

7.4　本章总结

　　本章主要介绍了 ChatGPT 在产品原型设计中的应用。首先介绍了产品原型设计的两个重要工具：产品线框图和产品原型。接着详细介绍了如何使用 ChatGPT 辅助进行原型设计，并通过案例展示了 ChatGPT 在移动应用和桌面应用原型设计中的应用。

　　在产品原型设计方面，产品线框图是最基础的原型工具，它用简洁的线条和形状展示产品的结构和功能。ChatGPT 可以辅助产品经理生成产品线框图的初始设计，快速捕捉产品的核心结构和功能，从而加快原型设计的速度。通过案例展示了如何使用 ChatGPT 辅助制作"我的备忘录" App 和 Todo List 的线框图。

　　产品原型是更高级别的原型工具，它可以展示产品的外观和交互细节，帮助用户更好地感受产品的使用体验。ChatGPT 在产品原型设计中的应用包括生成原型的初始设计和提供交互设计建议。通过案例展示了如何使用 ChatGPT 辅助制作移动应用和桌面应用的产品原型，以及如何利用 ChatGPT 提供交互设计建议，改善产品的用户体验。

　　综上，本章介绍了 ChatGPT 在产品原型设计中的应用。利用 ChatGPT 的智能辅助能力，产品经理可以快速生成产品线框图和产品原型，加快原型设计的速度。ChatGPT 还能提供交互设计建议，改善产品的用户体验。这些应用使产品原型设计更具创新性和便捷性，有助于产品经理更好地展示和推广产品的设计理念。

ChatGPT可以在产品项目管理的不同方面提供辅助，包括辅助项目计划与管理、提高团队沟通技巧与效率、跟踪项目进度等。

8.1 使用ChatGPT辅助项目计划与管理

通过项目计划与管理，我们可以最大限度地确保项目方向正确、进度合理、资源充足、风险可控、质量达标。这是实现项目目标和让客户满意的基础，也是项目管理团队的主要工作内容与价值所在。

ChatGPT是一种强大的自然语言处理模型，可以帮助产品经理在项目计划和管理方面做出更明智的决策。

8.1.1 项目管理工具：甘特图

甘特图（Gantt chart）是一种项目管理工具，用于展示项目任务的时间安排和进度情况。它通常由一个水平的条形图组成，在水平轴上显示时间，垂直轴上显示任务列表。每个任务用一个条形块表示，其长度表示该任务的持续时间，条形块的位置表示该任务在何时开始和结束。甘特图可以帮助项目团队监控项目进度、识别风险和确定决策优先级，并与相关方分享项目计划和进度。如图8-1所示的是Todo List项目计划甘特图。

	任务模式	任务名称	工期	开始时间	完成时间	前置任务	资源名称	添加新列
1	★	设计界面原型	3个工作日	2021年1月2日	2021年1月5日			
2	★	编写界面HTML	4个工作日	2021年1月6日	2021年1月10日		老李	
3	★	接口文档设计	3个工作日	2021年1月9日	2021年1月12日			
4	★	写后端接口代码	4个工作日	2021年1月13日	2021年1月17日		老赵	
5	★	前端页面调试	5个工作日	2021年1月18日	2021年1月22日		老李	
6	★	前后端联调	4个工作日	2021年1月23日	2021年1月26日		前端页面调试	
7	★	添加删除功能	3个工作日	2021年1月27日	2021年1月29日		老李	
8	★	用户管理模块	5个工作日	2021年2月1日	2021年2月5日		老赵	
9	★	项目测试	4个工作日	2021年2月6日	2021年2月10日		tom	
10	★	项目发布	2个工作日	2021年2月11日	2021年2月12日		tom	

图8-1 Todo List项目计划甘特图

制作甘特图可以手绘，也可以使用专业的工具，以下是几款常用的甘特图工具。

（1）Microsoft Project：Microsoft公司开发的强大而灵活的项目管理软件，支持制作复杂的甘特图和项目计划。该软件可以与Microsoft Office的其他应用程序（如Excel和Word）集成，图8-2所示的是Project制作的Todo List项目计划甘特图。

（2）Asana：Asana是一个团队协作和项目管理平台，提供易于使用的甘特图功能。它还支持任务分配、时间跟踪、依赖关系、进度报告和虚拟桌面等功能。

（3）Trello：Trello是一个轻量级的团队协作工具，提供简单易用的甘特图功能。用户可以创建任务清单、标签、注释、附件和截止日期，并将它们组织到带有时间表的列表中。

（4）Smartsheet：Smartsheet是一种基于云的企业协作平台，提供类似于Excel的界面和功能，以及先进的项目管理功能，包括甘特图、时间表、任务分配、资源管理和自定义报告等。

（5）TeamGantt：TeamGantt是一种专用于制作甘特图的在线工具，旨在帮助团队制定和共享项目计划。它支持任务分配、时间跟踪、进度报告、评论和文件共享等功能。

（6）Excel可以制作甘特图，图8-3所示的是Excel制作的Todo List项目计划甘特图。但Excel可能不如专业的项目管理工具那样灵活和全面。例如，Excel没有自动计算任务之间的依赖关系或提供进度跟踪功能，因此在处理复杂的项目时，专业的项目管理软件可能更为实用。

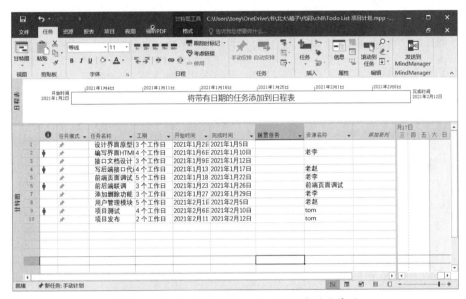

图8-2　Project制作的Todo List项目计划甘特图

图8-3　Excel制作的Todo List项目计划甘特图

8.1.2 案例1：使用ChatGPT辅助制作Smart Traveler项目计划甘特图

下面以Smart Traveler项目为例，介绍如何使用ChatGPT来协助我们制作项目计划甘特图。

案例背景

Smart Traveler是一款面向出行人群的一体化移动应用，主要功能包括以下四个方面。

（1）出行日程与行程管理：用户可以在应用中规划并管理各个出行日程与行程，有效组织行程内容与时间。

（2）航班与酒店查询与预订：用户可以通过应用实时查询各航空公司与酒店的信息与价格，并完成预订。

（3）出行社交功能：用户可以在应用中与其他出行人建立出行兴趣社交群组，进行交流与分享。

（4）出行爱好者积分系统：用户通过在应用中进行不同活动如分享行程日志、上传照片等可以获取积分，并通过积分兑换奖励。

无论是Excel格式还是Project格式的甘特图，ChatGPT都不能直接生成，具体制作方法如下。

- 制作Excel格式甘特图，使用ChatGPT生成CSV格式数据的甘特图，使用Excel打开CSV格式数据的甘特图，另存为Excel格式甘特图。
- 制作Project格式甘特图，使用ChatGPT生成CSV格式数据的甘特图，使用Project打开CSV格式数据的甘特图，导入数据即可。

1. 制作 Excel 格式甘特图

动手示例

生成CSV格式的甘特图。

> **向ChatGPT发送如下请求消息。**
>
> 有如下项目任务，帮我制作项目计划甘特图，返回使用CSV格式数据。
> # 项目管理
> - 项目启动与方案确定
> - 与产品经理讨论项目概念和具体需求
> - 项目时间表的制定
> - 根据项目进度划分不同阶段与时间节点
> ## 功能设计
> - ### 出行日程与行程管理模块
> - 需求确认：清晰功能定位与细化需求
> - 界面设计：设计 用户友好的界面
> - 交互设计：设计合理的交互流程和体验

- ### 航班与酒店查询模块
- 航班爬虫系统：爬取各大航司班次与票价数据
- 酒店爬虫系统：爬取主流酒店信息与房态
- 查询界面：设计航班与酒店查询界面
- 预订功能：实现航班和酒店预订功能
- ### 出行社交模块
- 群组功能：实现兴趣社群的建立与管理功能
- 分享功能：实现出行日志、照片等分享功能
- 评论功能：实现社交主页中的评论、点赞等功能
- ### 出行爱好者系统
- 规则设定：制定积分获取规则与兑奖规则
- 积分系统：完成用户积分记录与合计功能
- 奖励功能：完成积分兑换奖励选项设置与发放
开发与测试
- App 开发：iOS 与 Android 版本开发
- 爬虫开发：开发航班与酒店信息爬虫程序
- 测试：测试各项功能并修复问题
- 试运行：选择专业用户进行试运行评测
- 上线：完成上线发布与上架工作

ChatGPT 的回答如下。

以下是根据您提供的项目任务制定的甘特图，以CSV格式返回：

任务名称,开始时间,结束时间,持续时间
项目启动与方案确定,2021-08-01,2021-08-15,15 天
与产品经理讨论项目概念和具体需求,2021-08-01,2021-08-05,5 天
项目时间表的制定,2021-08-06,2021-08-15,10 天
根据项目进度划分不同阶段与时间节点,2021-08-06,2021-08-15,10 天
出行日程与行程管理模块,2021-08-16,2021-09-15,31 天
需求确认：清晰功能定位与细化需求,2021-08-16,2021-08-25,10 天
界面设计：设计用户友好的界面,2021-08-26,2021-09-05,11 天
交互设计：设计合理的交互流程和体验,2021-09-06,2021-09-15,10 天
航班与酒店查询模块,2021-09-16,2021-10-15,30 天
航班爬虫系统：爬取各大航司班次与票价数据,2021-09-16,2021-09-25,10 天
酒店爬虫系统：爬取主流酒店信息与房态,2021-09-26,2021-10-05,10 天

查询界面:设计航班与酒店查询界面,2021-10-06,2021-10-15,10 天
预订功能:实现航班和酒店预订功能,2021-10-06,2021-10-15,10 天
出行社交模块,2021-10-16,2021-11-15,31 天
群组功能:实现兴趣社群的建立与管理功能,2021-10-16,2021-10-25,10 天
分享功能:实现出行日志、照片等分享功能,2021-10-26,2021-11-05,10 天
评论功能:实现社交主页中的评论、点赞等功能,2021-11-06,2021-11-15,10 天
出行爱好者系统,2021-11-16,2021-12-15,30 天
规则设定:制定积分获取规则与兑奖规则,2021-11-16,2021-11-25,10 天
积分系统:完成用户积分记录与合计功能,2021-11-26,2021-12-05,10 天
奖励功能:完成积分兑换奖励选项设置与发放,2021-12-06,2021-12-15,10 天
开发与测试,2021-12-16,2022-01-15,31 天
App 开发:iOS 与 Android 版本开发,2021-12-16,2022-01-10,26 天
爬虫开发:开发航班与酒店信息爬虫程序,2021-12-16,2022-01-05,21 天
测试:测试各项功能并修复问题,2022-01-06,2022-01-15,10 天
试运行:选择专业用户进行试运行评测,2022-01-16,2022-01-31,16 天
上线:完成上线发布与上架工作,2022-02-01,2022-02-01,1 天

复制上述 CSV 数据并保存为 "Smart Traveler 项目计划.csv" 文件，使用 Excel 打开该文件，如图 8-4 所示。

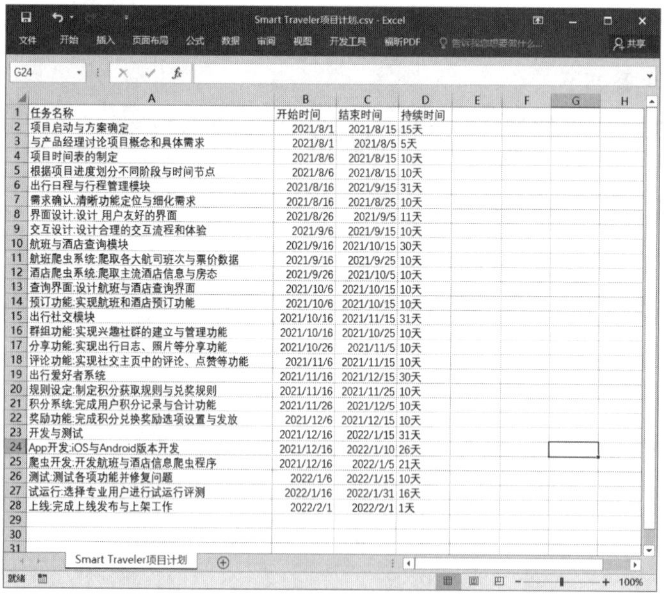

图 8-4　Smart Traveler 项目计划.csv 甘特图

参考 2.4.5 小节相关内容，将 CSV 文件转换为 Excel 文件，转换成功后，使用 Excel 打开该文件，如图 8-5 所示。

第 8 章 ChatGPT 辅助产品项目管理

图 8-5　Smart Traveler 项目计划 Excel 甘特图

2. 制作 Project 格式甘特图

ChatGPT 也不能直接生成 Project 格式文件，可以先让其生成 CSV 格式数据，然后将数据导入 Project 制作 Project 格式甘特图。

用 Project 打开 CSV 格式数据的甘特图，导入数据，即可制作 Project 格式甘特图。

首先，使用 Project 工具打开 CSV 文件，注意在打开时选择文件类型为 ".csv" 格式，如图 8-6 所示。

图 8-6　使用 Project 打开 CSV 文件

打开 CSV 文件会弹出图 8-7 所示的"导入向导"对话框。

在图 8-7 所示的对话框中单击"下一步"按钮，会弹出如图 8-8 所示的对话框。

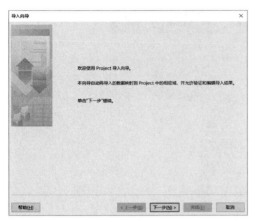

图 8-7　使用 Project 向导打开 CSV 文件（1）

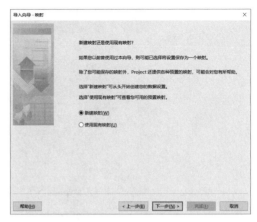

图 8-8　使用 Project 向导打开 CSV 文件（2）

在图 8-8 所示的对话框中选择"新映射"，然后单击"下一步"按钮，打开如图 8-9 所示的对话框。

在图 8-9 所示的对话框中选择"作为新项目"，然后单击"下一步"按钮，打开如图 8-10 所示的对话框。

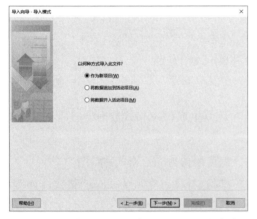

图 8-9　使用 Project 向导打开 CSV 文件（3）

图 8-10　使用 Project 向导打开 CSV 文件（4）

在图 8-10 所示的对话框中保持默认值，然后单击"下一步"按钮，打开如图 8-11 所示的对话框。

在图 8-11 所示的对话框中将 CSV 文件中字段与"Microsoft Project 域"映射好。注意，如果没有完全一致的域，可以找类似的，例如"持续时间"可以映射"工期"，"结束时间"可以映射"完成时间"。一一映射后，单击"下一步"按钮开始导入数据，如果这个过程中有数据类型映射警告，可以忽略，最后如果导入成功，效果如图 8-12 所示。

图 8-11　使用 Project 向导打开 CSV 文件（5）

第 8 章
ChatGPT 辅助产品项目管理

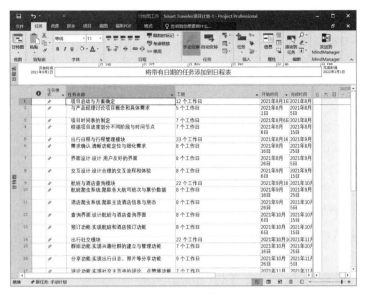

图 8-12　导入成功

导入成功后，可以保存文件为"Smart Traveler 项目计划.mpp"，以便以后使用。

8.1.3　使用 Mermaid 语言绘制甘特图

如果只需查看甘特图，不需要修改，可以使用 Mermaid 语言绘制甘特图。使用 Mermaid 语言可以绘制很多图形，其中也包括甘特图。

动手示例

> **向 ChatGPT 发送如下请求消息。**
>
> 有如下项目任务，使用 Mermaid 语言绘制甘特图
> # 项目管理
> - 项目启动与方案确定
> - 与产品经理讨论项目概念和具体需求
> - 项目时间表的制定
> - 根据项目进度划分不同阶段与时间节点
> ## 功能设计
> - ### 出行日程与行程管理模块
> - 需求确认：清晰功能定位与细化需求
> - 界面设计：设计用户友好的界面
> - 交互设计：设计合理的交互流程和体验
> - ### 航班与酒店查询模块
> - 航班爬虫系统：爬取各大航司班次与票价数据

165

- 酒店爬虫系统：爬取主流酒店信息与房态
- 查询界面：设计航班与酒店查询界面
- 预订功能：实现航班和酒店预订功能
- ### 出行社交模块
- 群组功能：实现兴趣社群的建立与管理功能
- 分享功能：实现出行日志、照片等分享功能
- 评论功能：实现社交主页中的评论、点赞等功能
- ### 出行爱好者系统
- 规则设定：制定积分获取规则与兑奖规则
- 积分系统：完成用户积分记录与合计功能
- 奖励功能：完成积分兑换奖励选项设置与发放
开发与测试
- App 开发：iOS 与 Android 版本开发
- 爬虫开发：开发航班与酒店信息爬虫程序
- 测试：测试各项功能并修复问题
- 试运行：选择专业用户进行试运行评测
- 上线：完成上线发布与上架工作

ChatGPT 的回答如下。

```
gantt
dateFormat  YYYY-MM-DD
title 项目计划甘特图

section 项目管理
项目启动与方案确定      : done, des1, 2019-01-01, 3d
项目时间表的制定        : active, des2, after des1, 7d

section 功能设计
出行日程与行程管理模块  : des3, after des2, 8d
需求确认                : 2d
界面设计                : 3d
交互设计                : 3d
航班与酒店查询模块      : des4, after des3, 9d
航班爬虫系统            : 3d
酒店爬虫系统            : 3d
查询界面                : 2d
预订功能                : 1d
出行社交模块            : des5, after des4,6d
```

```
群组功能              : 2d
分享功能              : 2d
评论功能              : 2d
出行爱好者系统         : des6, after des5,5d
规则设定              : 1d
积分系统              : 2d
奖励功能              : 2d

section 开发与测试
App开发              : des7, after des6, 10d
爬虫开发              : des8, after des6, 8d
测试                 : des9, after des8, 5d
试运行               : des10, after des9, 3d
上线                 : des11, after des10, 2d
```

我们将上述Mermaid代码复制到Mermaid Live Editor工具，然后渲染图形，最后获得Smart Traveler项目任务甘特图，如图8-13所示。

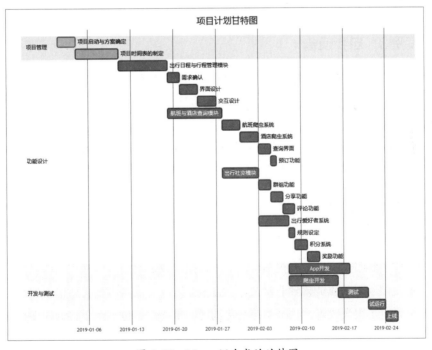

图 8-13　Mermaid生成的甘特图

8.2　使用ChatGPT提高产品团队的沟通技巧与效率

ChatGPT是一款基于人工智能的聊天机器人，可以帮助团队成员提高沟通技巧和效率，具体方法如下。

（1）使用ChatGPT进行语言练习：ChatGPT可以模拟真实的对话，通过与ChatGPT进行语言练习，团队成员可以提高口语表达能力和语言理解能力，从而更好地沟通。

（2）使用ChatGPT进行自我反省：ChatGPT可以提供一种安全、私密的环境，团队成员可以在这里进行自我反省和思考，从而更好地了解自己的沟通风格和能力，并进一步提高沟通技巧和效率。

（3）使用ChatGPT进行跨文化沟通：ChatGPT可以帮助团队成员跨越语言和文化障碍，促进跨文化交流和协作。团队成员可以通过ChatGPT了解和学习不同文化的沟通方式和礼仪，从而更好地与国际团队合作。

这里我们提供3个案例来说明ChatGPT在提高项目团队沟通技巧与效率方面的作用。

8.2.1 案例2：语言练习

项目团队成员Peter来自德国，英语不是他的母语。Peter每周与ChatGPT进行两次时长为30分钟的英语对话练习，内容包括自我介绍、描述工作内容、表达观点与交谈等。通过几次练习，Peter的口语流畅度和理解能力明显提高，在团队会议上他可以更自然地表达意见，也更容易理解其他成员的发言。这不仅增强了Peter在团队中的作用，也提高了团队内部交流的效率与协作的质量。

8.2.2 案例3：自我反省

团队成员Mary是一个比较内向的人，在团队讨论时常常难以充分表达自己的观点。Mary开始利用ChatGPT进行自我反思，描述在不同场景下的表现，并分析自己的沟通方式与改进空间。与ChatGPT的交流让Mary更清楚自己的优势与不足，也找到了改进的方向。Mary在后续的团队会议中表现得更加主动，选择更恰当的方式来表达观点，取得了良好的沟通效果。这使Mary在团队中的作用变得更加积极，也让团队讨论变得更加充分与有建设性。

8.2.3 案例4：跨文化沟通

团队开展某项目需要与一印度团队密切合作。团队成员通过ChatGPT学习了印度文化的基本礼仪，如恰当的问候语和眼神交流。在视频会议上，该团队成员运用所学知识与印度团队打招呼并积极展开交谈。这使印度团队成员感到非常友好，也使双方的交流氛围变得融洽。这次会议的效果超出预期，合作关系有了很大改善。这证明跨文化沟通的重要性，也展示了ChatGPT在这方面可以提供的帮助。

通过3个案例，可以清晰看出ChatGPT在语言练习、自我反省与跨文化沟通等方面，可以有效提高项目团队内部的沟通与协作效果。笔者也将持续努力，不断丰富案例与知识，为大家在这些方面的进步提供更加全面与个性化的支持。

8.3 项目进展监控

对于项目进展监控,有一些常见的方法和工具,具体如下。

(1)确定项目关键路径并跟踪其进展。关键路径是指影响项目完成时间的最长路径,需要对其进展进行密切关注。可以使用甘特图、网络图等工具对关键路径和进度进行可视化,并跟踪任务的完成情况。

(2)设定和跟踪关键指标。可以使用项目管理工具,如Trello、Asana等,跟踪关键指标,如任务完成时间、进度、质量等,并及时进行调整和优化。

(3)定期召开项目会议。定期召开项目会议,汇报和讨论项目进展情况,并协调和解决可能出现的问题、消除风险。可以使用在线会议工具,如Zoom、Teams等,方便团队的远程协作和沟通。

(4)使用项目管理软件。可以使用专业的项目管理软件,如Microsoft Project、Smartsheet等,跟踪项目进展和资源利用情况,并进行风险管理和调整。

(5)建立项目仪表板。可以建立项目仪表板,展示项目进展和关键指标的情况,以便团队成员和管理层进行实时的监控和分析。

(6)持续改进和优化。对于项目进展情况和问题,需要持续进行分析和优化,以提高项目的效率和质量。可以使用持续集成和持续交付等技术,加快产品开发和测试速度,提高团队成员的专业能力和协作能力。

8.3.1 使用ChatGPT监测项目进度

虽然ChatGPT是一种自然语言处理技术,但是它并不能直接用于监测项目进度。因为ChatGPT主要用自然语言处理和生成,而项目进度监测需要对项目计划、进度数据等进行处理和分析,需要使用专业的项目管理工具。

因此,可以通过ChatGPT等自然语言处理技术处理一些项目管理中的非结构化数据,例如会议纪要、问题记录等。ChatGPT可以帮助自动生成会议纪要等文本,从而节省时间和提高效率。

此外,ChatGPT等自然语言处理技术还可以用于项目管理领域的智能客服、自然语言查询等方面,从而提高项目管理的效率,改善用户体验。

总之,虽然ChatGPT不能直接用于监测项目进度,但是它可以用于项目管理领域的一些方面,例如自动生成文本、智能客服等。

ChatGPT是一款智能对话机器人,它可以通过对话的形式获取项目信息并进行监测。利用ChatGPT监测项目进度可以采取以下方法。

(1)设定定期对话时间。例如每周一进行一次时长为30分钟的项目进度对话,ChatGPT会自动提醒项目管理者进行对话。

(2)查询关键任务进展。ChatGPT可以询问管理者关键任务或里程碑的完成情况,实际开始/结束时间是否与计划一致。如果有延迟可以进一步询问原因并提供解决建议。

(3)监控资源使用情况。ChatGPT可以询问各类资源(人员、设备、资金)的使用率、是否出现短缺或过剩的情况,并提出资源重新配置的建议。

（4）成本支出控制。ChatGPT可定期查询项目费用支出情况，监控项目总成本是否超出控制范围，超支情况下可以分析超支原因和提出降本措施。

（5）识别新风险。ChatGPT通过与管理者的对话，可以发现项目执行中出现的新风险，评估风险对项目的影响后提出应对建议，更新风险应对计划。

（6）提供项目进度报告。在每次对话后，ChatGPT都可以生成项目进度报告，报告包括任务进展、里程碑完成、资源使用、成本支出等信息，让管理层全面了解项目当前的进展状况。

通过与ChatGPT定期对话的方式进行监测，可以让项目管理者不断地维持对项目的感知，及时发现问题并做出反应。这种灵活的监测机制可以有效地补充其他监控手段，提高项目管理的效率。

8.3.2 案例5：利用ChatGPT监测×××软件项目进度

下面列举一个具体的项目进度监测案例。

项目背景：×××软件项目，计划时间6个月。

项目包括需求分析、设计、开发、测试四个阶段。每阶段一个月时间，中间设置两个里程碑：设计完毕和开发完毕。项目资源包括5名开发人员、2名测试人员，经费预算50万元。

对话记录如下。

第一周对话如下。

> **管理者向ChatGPT发送如下请求消息。**
>
> 需求分析工作已完成。生成需求文档，确认项目开发范围和功能定位。

> **ChatGPT的回答如下。**
>
> 项目完成第一个关键任务需求分析，这给后续工作奠定基础。资源使用和成本费用情况如何？是否出现问题？

> **管理者向ChatGPT发送如下请求消息。**
>
> 项目团队工作正常，设备和经费运转正常。目前人员与经费使用与计划一致，没有出现超支。

> **ChatGPT的回答如下。**
>
> 非常好，项目开局顺利。需求完成，任务按时，资源与成本控制正常。请继续密切跟踪设计阶段工作，完成里程碑并持续监控资源与成本，有任何问题随时反馈。

第二周对话如下。

> **ChatGPT向管理者发出如下提醒。**
>
> 您好，继续我们的项目进度对话。请更新设计阶段工作进展。设计里程碑是否按时完成？

> 👤 **管理者向ChatGPT发送如下请求消息。**
>
> 很遗憾我们的项目设计工作进度延迟。由于新增设计变更,设计师时间不足,无法如期完成设计。设计师提出延期一周完成设计工作,设计里程碑将推迟。

> 💬 **ChatGPT的回答如下。**
>
> 这是一个遗憾的消息。设计变更导致计划延误难免,但此举会影响后续工作。建议采取补救措施,或者重新评估项目时间节点。您提到设计师时间不足,是否需要增加设计资源以加快进度?经费费用使用情况是否受影响?

> 👤 **管理者向ChatGPT发送如下请求消息。**
>
> 非常感谢你的建议。我们决定增加一名设计师资源,同时延长设计阶段时间一个星期。项目经费有余量,能够支撑额外设计资源与时间。

> 💬 **ChatGPT的回答如下。**
>
> 这是明智的决定。增加资源和延长时间可以弥补进度延误,而经费又有余量支撑,这样可以确保设计工作按新的时间节点完成。希望通过采取补救措施,设计里程碑能够顺利达成。继续保持监控,更新设计工作进展,预防资源不足或超支问题,最大限度减少对项目造成影响。

以此类推,通过每周对话,让ChatGPT持续跟踪项目各个阶段的进展情况、资源使用与成本费用控制情况,并在出现问题时提供解决方案,以确保项目按时完成。

8.4 跟踪项目进度

跟踪项目进度是确保项目按时、按预算、保质保量完成的关键举措之一。以下是跟踪项目进度的一些常见方法。

(1)每周或每月进行进度报告:定期向项目团队和利益相关者提供关于项目进度的信息。这些报告应包括项目计划与实际进度的比较,以及项目中可能出现的问题和风险。

(2)使用甘特图或其他项目管理工具:使用项目管理工具来制订和跟踪项目计划,以便更好地了解项目状态和进度。

(3)跟踪项目成本:跟踪项目成本和预算,以确保项目不超支,并根据实际情况进行必要的调整。

(4)确定关键路径和延迟任务:识别项目中的关键路径和延迟任务,以及它们对项目进度的影响。这将使项目团队能够在项目进度出现问题时更快地采取行动。

(5)跟踪任务进度:跟踪每个任务的进度,并及时更新项目计划。确保团队成员和利益相关者知道任务进度的变化，并采取必要的措施。

（6）与利益相关者保持沟通：与利益相关者保持沟通，包括客户、团队成员和项目经理。确保他们了解项目进展情况，并及时解决他们的问题，消除其疑虑。

总之，跟踪项目进度是确保项目成功的关键举措之一。通过使用项目管理工具、定期报告进度、跟踪任务进度和与利益相关者保持沟通等方法，可以更好地了解项目状态和进度，并及时采取必要的措施。

8.4.1 使用项目管理工具跟踪项目进度

用项目管理工具跟踪项目进度可以提高项目的效率和准确性。通过定期更新项目计划、跟踪任务进度和分析项目进度，项目经理可以更好地了解项目的状态，及时处理问题和消除风险，并确保项目按时、按预算、保质保量完成。

跟踪项目管理工具有很多，笔者还是推荐使用Microsoft Project。Microsoft Project是一个强大的项目管理工具，通过甘特图制定项目计划，只是它的最基本功能。通过甘特图，还可以帮助项目管理者跟踪项目进度、分析项目进度和资源分配等。本小节重点介绍一下，如何使用Microsoft Project跟踪项目进度。

使用Microsoft Project工具打开".mpp"格式项目文件。参考图8-14所示，跟踪甘特图视图，然后在右边的窗口中可以看到任务的进度，如果项目延迟会有红色条形图提醒。

另外，管理者需要根据任务的实际情况更新任务的进度。

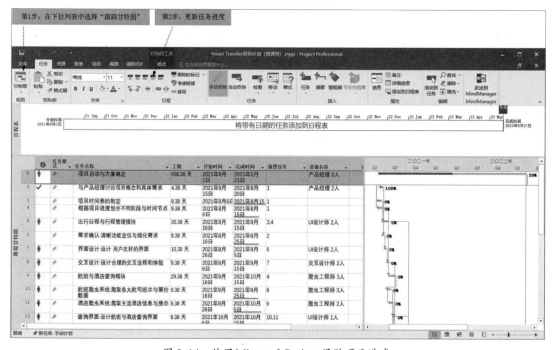

图8-14 使用Microsoft Project跟踪项目进度

Microsoft Project 还有很多强大的项目管理功能，这里我们只介绍进度跟踪功能，其他功能不再赘述。

8.4.2 使用ChatGPT辅助跟踪项目进度

Microsoft Project 是一款功能强大的项目管理工具。但是，它需要付费，而且功能比较复杂。如果项目规模较小，涉及的资源也不是很多，可以使用Excel或CSV格式的电子表格工具来制作甘特图，以此来跟踪项目的进度。

如果考虑使用ChatGPT来辅助跟踪项目进度，那么CSV和Markdown电子表格可能是一个不错的选择。因为它们是纯文本格式的电子表格，可以轻松地运用ChatGPT进行解析和生成。如果项目规模较小，使用CSV和Markdown格式的电子表格进行项目进度跟踪可能是比较方便和经济的选择。

8.4.3 案例6：使用ChatGPT辅助跟踪×××软件项目进度

假设有一个软件开发项目，计划时间3个月，主要任务包括需求分析、设计、开发和测试。项目经理打算使用ChatGPT进行项目的进度跟踪与管理。

动手示例

> ☞ **向ChatGPT发送如下请求消息。**
>
> 　　我有事情与你商议。项目现已延误3个月，高层要求我们在2个月内完成所有功能开发与测试工作。但是设计变更带来了较大工作量，而且测试环节存在大量重复工作。你有什么好的加速策略可以推荐吗？

> ⓢ **ChatGPT的回答如下。**
>
> 　　好的，以下是根据您提供的信息制作的项目计划甘特图，包括任务名称、开始时间、持续时间、结束时间、任务负责人和任务进度字段，以Markdown表格形式呈现：
>
> | 任务名称 | 开始时间 | 持续时间 | 结束时间 | 任务负责人 | 任务进度 |
> | :---: | :---: | :---: | :---: | :---: | :---: |
> | 需求分析 | 2021/01/01 | 15 天 | 2021/01/15 | Alice | 0% |
> | 设计 | 2021/01/16 | 31 天 | 2021/02/15 | Bob | 0% |
> | 开发 | 2021/02/16 | 44 天 | 2021/03/31 | Charlie | 0% |
> | 测试 | 2021/04/01 | 15 天 | 2021/04/15 | David | 0% |

将生成的Markdown表格保存到一个 ".md" 格式文件中，然后使用相应的工具浏览Markdown文件，可看到如图8-15所示的内容。

任务名称	开始时间	持续时间	结束时间	任务负责人	任务进度
需求分析	2021/01/01	15 天	2021/01/15	Alice	0%
设计	2021/01/16	31 天	2021/02/15	Bob	0%
开发	2021/02/16	44 天	2021/03/31	Charlie	0%
测试	2021/04/01	15 天	2021/04/15	David	0%

图 8-15 任务未开始时的甘特图

在第 2 周，可以使用文本编辑工具或 Markdown 工具修改更新任务进度，如图 8-16 所示。

任务名称	开始时间	持续时间	结束时间	任务负责人	任务进度
需求分析	2021/01/01	15 天	2021/01/15	Alice	20%
设计	2021/01/16	31 天	2021/02/15	Bob	50%
开发	2021/02/16	44 天	2021/03/31	Charlie	80%
测试	2021/04/01	15 天	2021/04/15	David	100%

图 8-16 项目第 2 周甘特图

8.5 本章总结

本章主要介绍了 ChatGPT 在产品项目管理中的应用。首先介绍了 ChatGPT 在项目计划与管理方面的应用，通过项目管理工具甘特图和案例展示了如何使用 ChatGPT 辅助制订项目计划。接着介绍了如何使用 Mermaid 语言绘制甘特图，进一步提升项目管理的效率和准确性。

在团队沟通技巧与效率方面，ChatGPT 可以提供辅助，帮助提高团队的沟通技巧和效率。通过案例展示了如何利用 ChatGPT 进行语言练习、自我反省和跨文化沟通，从而提升团队成员之间的沟通质量和效果。

项目进展监控是项目管理中的重要环节，ChatGPT 可以帮助监测项目进度。通过案例展示了如何使用 ChatGPT 监测项目进度，并利用 ChatGPT 辅助跟踪项目进度，提供及时的项目进展报告和预测。

综上，本章介绍了 ChatGPT 在产品项目管理中的应用。利用 ChatGPT 的辅助功能，产品经理和团队成员可以更加高效地进行项目计划和管理，提高沟通技巧和效率。ChatGPT 还可以监测和跟踪项目进度，帮助团队实时了解项目状态，并提供数据支持和决策依据。这些应用使产品项目管理更加智能和便捷，有助于提升项目的成功率和交付质量。

第9章

ChatGPT 辅助产品测试与质量管理

ChatGPT在产品测试与质量管理方面可以提供以下辅助。

（1）测试用例生成：ChatGPT可以与测试团队合作，帮助生成测试用例。基于对产品需求和功能的理解，ChatGPT可以提供测试用例的建议和生成，帮助团队快速创建全面的测试覆盖。

（2）自动化测试脚本编写：ChatGPT可以与自动化测试框架集成，辅助编写测试脚本。测试团队可以与ChatGPT交流，描述测试场景和预期结果，然后ChatGPT可以生成相应的测试脚本代码，减少手动编写的工作量。

（3）测试结果分析：ChatGPT可以协助测试结果的分析和解释。测试团队可以将测试结果输入ChatGPT，并与其讨论相关问题。ChatGPT可以提供对结果的解读、潜在问题的指示及下一步行动的建议，帮助团队更好地理解测试结果。

（4）质量度量和报告：ChatGPT可以协助生成质量度量指标和测试报告。测试团队可以从ChatGPT获取质量度量的建议和报告模板，让ChatGPT帮助团队制定适当的质量度量指标，并生成相应的报告以供团队和利益相关者查阅。

通过与ChatGPT的交互，产品测试团队可以提高测试的效率和准确性，加速缺陷的发现和修复，同时获得更深入的测试分析和质量评估。然而，需要注意的是，ChatGPT作为辅助工具，它的建议和反馈需要由测试团队来评估和决策，并与实际情况相结合。

9.1 测试用例

测试用例是产品测试过程中的重要组成部分，它描述了测试的输入数据、执行步骤和预期结果，用于验证产品功能的正确性和稳定性。以下是测试用例的几个关键要素。

（1）测试目标：测试用例应明确测试的目标，即要验证的功能或需求。

（2）测试输入：描述测试用例所需的输入数据或条件。可以是用户输入、系统配置、数据库记录等。

（3）执行步骤：定义执行测试用例的具体步骤和操作。其中包括点击按钮、输入文本、导航页面等。

（4）预期结果：描述测试用例的预期输出或行为。这是根据产品规格或需求文档来定义的。

（5）实际结果：在执行测试用例后记录实际的输出或行为。与预期结果进行比较，判断测试用例是否通过。

（6）测试状态：标识测试用例的状态，如"通过""失败""阻塞"等。可以根据测试结果进行更新。

9.1.1 使用ChatGPT辅助生成测试用例

ChatGPT可以作为辅助工具，帮助测试团队生成测试用例的初步草稿或提供测试用例的灵感。以下是使用ChatGPT辅助生成测试用例的一般步骤。

（1）定义测试目标：明确要测试的功能或需求，并确定测试的范围和重点。

（2）提供输入提示：向ChatGPT提供相关的输入提示，例如功能描述、用户场景、操作步骤等。确保输入提示具体、明确，以便ChatGPT更好地理解任务。

（3）与ChatGPT对话：与ChatGPT进行交互，向其提出问题或请求生成测试用例。可以逐步迭代地向ChatGPT提供更多的上下文和信息，以获得更准确和有用的回答。

（4）评估生成结果：ChatGPT会生成一系列测试用例的建议或示例。测试团队需要评估这些结果的质量和适用性，挑选出符合预期的测试用例。

（5）扩展和优化：基于ChatGPT生成的测试用例，测试团队可以进一步扩展和优化，添加额外的测试步骤、输入数据和预期结果，以确保测试的全面性和准确性。

需要注意的是，虽然ChatGPT可以初步生成测试用例，但其生成的结果需要由测试团队进行评估、验证和优化。ChatGPT仅提供辅助和启发，并不能完全代替测试人员的专业判断和测试经验。测试团队应对ChatGPT生成的测试用例进行审查和修改，以适应具体的测试需求和上下文。

9.1.2 案例1：使用ChatGPT辅助生成购物App测试用例

下面通过一个具体案例介绍一下如何使用ChatGPT辅助生成测试用例。

案例背景

产品经理小红负责一款新上线的零售购物App。该App提供用户登录、商品浏览、购物车和订单下单等功能，面向广大消费者。小红需要设计一套完整的测试方案，确保新版本App上线前的产品质量。但是测试用例设计需要涵盖不同的用户场景和业务流程，工作量较大，而上线时间又比较紧迫。为了加速测试用例的设计，小红决定使用ChatGPT，希望其能基于产品功能和流程生成一定数量的初始测试用例。

动手示例

> 🗨 **小红向ChatGPT发送如下请求消息。**
>
> 我们的App包含用户登录、商品浏览、购物车和下单等主要功能，可以为这些功能生成一些初步的测试用例吗？

> ⓢ **ChatGPT的回答如下。**
>
> 可以的，我为这些功能生成的一些测试用例如下。
>
> 1. 用户登录
>
> 用例1：输入正确的用户名"jack"和密码"123456"，登录成功。

用例2：输入空用户名和正确密码，提示"用户名不能为空"。

用例3：输入正确用户名和空密码，提示"密码不能为空"。

用例4：输入错误用户名"john"和密码"1234"，提示"用户名或密码错误"。

2. 商品浏览

用例1：在首页搜索"手机"，相关搜索结果包含数十款手机商品，并分多页显示。

用例2：点击三星Galaxy S10商品图片，进入商品详情页，页面显示名称为"三星Galaxy S10"、价格为5999元、内存为6GB+128GB等信息。

用例3：在三星Galaxy S10商品详情页点击"添加至收藏"，商品出现在用户收藏列表页。

3. 购物车

用例1：在三星Galaxy S10商品详情页选择颜色"黑色"、内存"8GB+256GB"并选择数量为"2"件，点击"加入购物车"。

用例2：购物车页显示已添加的三星Galaxy S10商品，数量显示2件，小计金额12199元。

用例3：购物车中只有三星Galaxy S10一件商品，在结算页面点击"remove"，商品从购物车删除。

用例4：购物车为空时，页面显示"您的购物车是空的，请添加商品！"的提示。

4. 下单

用例1：在购物车页勾选三星Galaxy S10商品2件，进入结算页面，选择收货地址和支付方式为"微信支付"，点击"提交订单"。

用例2：订单详情页显示订单编号、收货人姓名、订单状态为"待支付"的三星Galaxy S10商品订单。

> 小红向ChatGPT发送如下请求消息。
>
> 帮我返回Markdown代码文档。

ChatGPT的回答如下。

测试用例

用户登录

用例ID	输入	预期结果
用例1	输入正确的用户名"jack"和密码"123456"	登录成功
用例2	输入空用户名和正确密码	提示"用户名不能为空"
用例3	输入正确用户名和空密码	提示"密码不能为空"
用例4	输入错误用户名"john"和密码"1234"	提示"用户名或密码错误"

```
## 商品浏览
|用例ID|输入|预期结果|
|-|-|-|
|用例1|在首页搜索"手机"|相关搜索结果包含数十款手机商品,并分多页显示|
|用例2|点击三星Galaxy S10商品图片|进入商品详情页,页面显示名称为"三星Galaxy S10"、价格为5999元、内存为6GB+128GB等信息|
|用例3|在三星Galaxy S10商品详情页点击"添加至收藏"|商品出现在用户收藏列表页|


## 购物车
|用例ID|输入|预期结果|
|-|-|-|
|用例1|在三星Galaxy S10商品详情页选择颜色"黑色"、内存"8GB+256GB"并选择数量为"2"件,点击"加入购物车"|购物车页显示已添加的三星Galaxy S10商品,数量显示2件,小计金额12199元|
|用例2|购物车中只有三星Galaxy S10一件商品,在结算页面点击"remove"|商品从购物车删除|
|用例3|购物车为空时|页面显示"您的购物车是空的,请添加商品!"的提示|
## 下单
|用例ID|输入|预期结果|
|-|-|-|
|用例1|在购物车页勾选三星Galaxy S10商品2件,进入结算页面,选择收货地址和支付方式为"微信支付",点击"提交订单"|订单详情页显示订单编号、收货人姓名、订单状态为"待支付"的三星Galaxy S10商品订单|
```

复制上述Markdown代码并保存为"测试用例.md"文件,然后使用Markdown工具预览,效果如图9-1所示。

小红得到ChatGPT生成的测试用例后,与测试团队成员一起对这些用例进行了评审。他们发现虽然用例还不够完备,但已经覆盖了各主要功能的核心流程,可以在此基础上添加更详尽的输入数据和预期结果,扩展到更严格的测试场景,这大大减少了测试用例设计的工作量。

最终,在ChatGPT的辅助下,小红和团队顺利完成了测试方案的制定,新版本App如期上线。这是一个较完整的案例,说明借助ChatGPT的生成能力,测试团队可以加速测试用例设计,减轻工作强度,确保产品质量和进度。

图 9-1 预览 Markdown 文档

9.2 自动化测试脚本编写

自动化测试脚本编写是产品测试中的重要环节，它可以提高测试效率、减少人工操作、增加测试覆盖范围，并帮助保证测试的一致性和可重复性。以下是自动化测试脚本编写的一般步骤。

（1）确定自动化测试框架：选择适合产品的自动化测试框架，例如 Selenium、Appium、JUnit 等，根据产品需求和技术栈进行选择。

（2）确定测试场景和用例：根据产品需求和功能设计，确定需要自动化的测试场景和用例。优先选择常用、关键和重复性高的测试场景。

（3）设计测试脚本结构：根据测试场景和用例，设计测试脚本的结构和组织方式。考虑使用模块化、可重用的方法和函数，以提高测试脚本的可维护性和扩展性。

（4）编写测试脚本代码：根据测试脚本结构和设计，使用选择的自动化测试框架编写测试脚本代码。根据测试场景和用例，使用框架提供的方法和函数进行页面操作、数据验证等。

（5）添加断言和验证：在测试脚本中添加断言和验证机制，用于判断测试结果的正确性。通过比较实际结果和预期结果，判断测试是否通过。

（6）处理异常情况：在测试脚本中添加异常处理机制，用于处理可能出现的异常情况。例如，处理页面加载超时、元素定位失败等异常情况，以确保测试的稳定性和可靠性。

以上是自动化测试脚本编写的一般步骤，团队可以根据具体产品的需求和实际情况进行调整和扩展。自动化测试脚本编写需要综合考虑测试场景、框架选择、代码设计和调试等因素，以确保高效和可靠。

9.2.1 使用ChatGPT辅助编写自动化测试脚本

确实，在使用ChatGPT辅助编写自动化测试脚本时，选择合适的测试框架是非常重要的。具体需要考虑以下几个方面的因素。

（1）测试框架的功能和特性：不同的测试框架提供不同的功能和特性。需要根据测试需求和目标选择一个测试框架，确保它具备团队所需要的功能，如UI自动化、API测试、移动应用测试等。

（2）编程语言的熟悉程度：测试框架通常与特定的编程语言关联，例如，Selenium通常与Python、Java、C#等编程语言一起使用，Appium则通常与Java、JavaScript等编程语言结合使用。团队成员需要具备一定的编程语言知识和经验，以便能够理解和编写测试脚本。

（3）团队技术能力和经验：考虑团队成员的技术能力和经验，以确定他们是否具备使用特定测试框架的能力。如果团队已经具备使用某个测试框架的经验和技能，那么在选择测试框架时可以优先考虑该框架，这样能够更快地上手并编写高质量的测试脚本。

（4）社区支持和资源：选择一个有活跃社区支持和丰富资源的测试框架，可以帮助团队解决问题并获得更多的学习资源和指导。社区支持和资源对于团队成员的学习和成长非常重要。

综上，选择适合的测试框架需要综合考虑测试框架的功能和特性、团队的编程语言能力、团队的技术能力和经验、社区支持和资源等方面的因素。确保选择的测试框架能够满足产品的需求，并且团队成员具备相应的编程语言知识和经验，才能保证测试脚本的编写和执行顺利进行。

9.2.2 使用Selenium工具

不同系统的应用需要选择相应的工具。如果是Web应用，选择Selenium工具；如果是移动App，选择Appium工具。本小节重点介绍Selenium工具的安装和使用。

使用Selenium需要操作本地浏览器，默认的是Firefox，因此笔者推荐安装Firefox浏览器，且要求Firefox浏览器是尽可能新的版本。考虑到版本兼容的问题，还需要下载浏览器引擎。图9-2所示的是基于Firefox浏览器的GeckoDriver引擎下载页面。

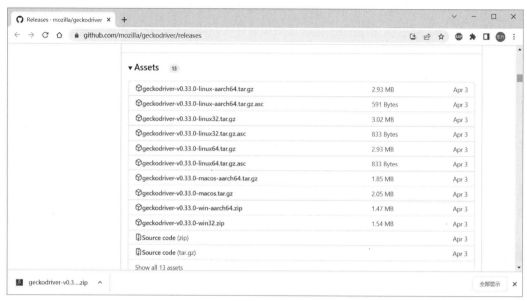

图9-2　下载Firefox浏览器的GeckoDriver引擎

图9-3所示的是基于Chrome浏览器的ChromeDriver引擎下载页面。

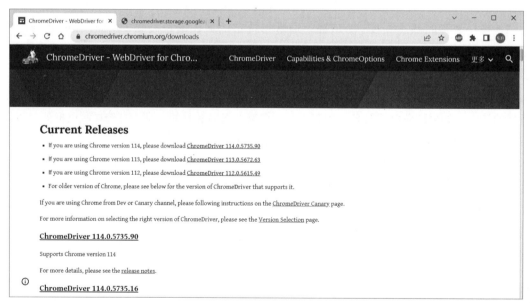

图9-3　下载Chrome浏览器的ChromeDriver引擎

浏览器引擎大家可以自行下载或从本书提供的配套软件中找到，但需要注意：明确自己的应用平台选择对应的版本。浏览器引擎不需要安装，将下载包进行解压处理就可以了。

9.2.3 案例2：使用ChatGPT辅助编写Selenium自动化测试脚本

下面通过一个案例介绍一下如何使用ChatGPT辅助编写Selenium自动化测试脚本。Selenium支持使用多种编程语言编写测试脚本，下面我们以Python语言为例介绍一下。

动手示例

> **产品经理向ChatGPT发送如下请求消息。**
>
> 有如下测试用例，请帮我生成基于Python语言的Selenium的测试脚本。
>
> | 用例ID | 输入 | 预期结果 |
> | ------ | -------------------------------- | -------- |
> | 用例1 | 输入正确的用户名"jack"和密码"123456" | 登录成功 |

> **ChatGPT的回答如下。**
>
> 以下是基于Python语言和Selenium的测试脚本示例，用于测试输入正确的用户名和密码是否能成功登录：

```python
from selenium import webdriver
from selenium.webdriver.common.keys import Keys

# 设置浏览器驱动路径
driver_path = "/path/to/chromedriver"  # 请替换为实际的浏览器驱动路径

# 创建WebDriver实例
driver = webdriver.Chrome(executable_path=driver_path)

# 打开网页
driver.get("https://example.com")  # 请替换为实际的登录页面URL

# 定位用户名和密码输入框，并输入对应的值
username_input = driver.find_element_by_id("username")  # 请替换为实际的用户名输入框的ID
password_input = driver.find_element_by_id("password")  # 请替换为实际的密码输入框的ID
username_input.send_keys("jack")  # 输入正确的用户名
password_input.send_keys("123456")  # 输入正确的密码

# 提交表单
```

```
password_input.send_keys(Keys.ENTER)  # 模拟按下回车键

# 检查登录结果
success_message = driver.find_element_by_id("success-message")  # 请替换为实际的登录成功提示元素的ID
assert success_message.is_displayed(), "登录失败"  # 检查登录成功提示是否显示

# 关闭浏览器
driver.quit()
```

请注意，上述示例中使用的是Chrome浏览器和ChromeDriver驱动，在实际操作中，我们需要将"/path/to/chromedriver"替换为实际的ChromeDriver驱动路径。如果在环境变量PATH中添加了这个路径，则这里可以省略。

复制上述代码并保存为".py"格式文件，就可以运行了。

> **注意**
>
> 为了运行Python代码，还需要安装如下内容：
> （1）Python解释器；
> （2）Selenium库。

运行Python程序需要安装Python运行环境，这需要到Python官网下载。在图9-4所示的下载页面中，单击"Download"按钮下载安装文件即可。

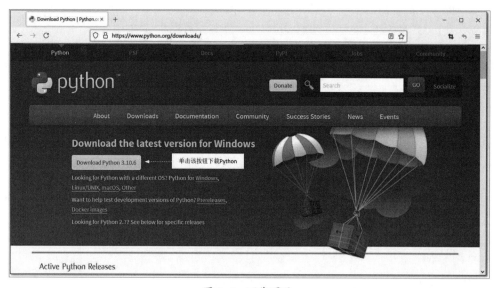

图9-4　下载页面

Python安装文件下载完成后，就可以准备安装了，双击该文件开始安装，安装过程中会弹出如图9-5所示的内容选择对话框，选中复选框"Add Python 3.10 to PATH"可以将Python的安装路径添

加到环境变量PATH中，这样就可以在任何目录下使用Python命令了。选择"Customize installation"可以进行自定义安装，笔者推荐选择"Install Now"，它会进行默认安装，单击"Install Now"开始安装，直到安装结束提示关闭对话框。

图 9-5　安装Python

Python安装完成后，就可以使用Python了。

另外，如果没有安装Selenium库，可以使用图9-6所示的"pip install selenium"指令进行安装。

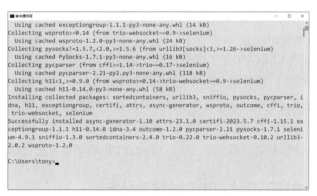

图 9-6　安装Selenium库

配置好环境后，就可以运行了。运行Python程序的方法有很多，如图9-7所示，是在命令提示符中通过python <python文件路径>运行，程序运行后会通过浏览器打开程序中所指定的网址，然后模拟人工运行Web应用程序。

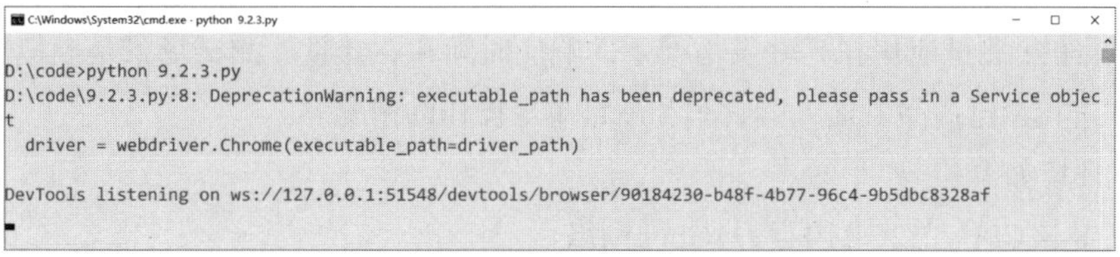

图 9-7　运行Python程序

9.3 测试结果分析

测试结果分析是指评估测试执行的过程和结果，以确定产品的质量和稳定性。以下是一些常见的测试结果分析的方法和技术。

（1）缺陷报告和缺陷跟踪：记录测试期间发现的缺陷并跟踪其处理过程。这可以帮助团队了解缺陷的数量、严重程度和解决进度，以便做出相应的决策和优化。

（2）测试报告和度量指标：生成详细的测试报告，包括测试覆盖范围、执行情况、通过率、失败率等度量指标。这些报告和指标可以帮助团队了解测试的整体情况，并对测试质量和进度进行评估。

在测试结果分析过程中，使用ChatGPT作为辅助工具，可以帮助测试团队解决问题、提供建议和优化测试策略。ChatGPT可以回答测试过程中的疑问、提供解决方案，并根据测试结果生成相关的分析报告和建议。需要注意的是，ChatGPT仅提供辅助和启发，测试团队仍需要进行人工的分析和判断，以确保测试结果的准确性和可靠性。

9.3.1 使用ChatGPT进行测试结果分析

使用ChatGPT进行测试结果分析可以帮助测试团队快速获取一些洞察和建议。以下是使用ChatGPT辅助测试结果分析的一般步骤。

（1）收集测试结果：整理和收集测试执行过程中的数据、报告和日志，包括测试用例的执行状态、缺陷报告、性能指标等。

（2）分析结果和洞察：ChatGPT会生成一系列可能的分析结果、建议或洞察。测试团队需要评估这些结果的质量和适用性，并根据实际情况进行判断和决策。

需要注意的是，ChatGPT作为一种辅助工具，其生成的结果需要由测试团队进行评估、审查和验证。ChatGPT提供的分析结果可以为测试团队提供启发和参考，但并不代表绝对的真实和准确。测试团队仍应依靠自身的专业知识和经验，结合ChatGPT生成的结果进行综合分析和判断。

9.3.2 案例3：电商平台的应用测试结果分析

下面通过一个具体案例介绍一下如何使用ChatGPT辅助进行测试结果分析。

案例背景

（1）测试的应用：一家电商平台的应用，它是电商行业的典型系统。

（2）测试目的：测试应用在高并发情况下的响应时间和吞吐量。测试场景是模拟上万名用户同时访问应用并进行浏览商品、加入购物车和下订单等操作的情况。

（3）测试环境如下。

- 硬件：8核CPU，32GB内存，1Gbps网络。

- 操作系统：Linux。
- 测试工具：JMeter，Siege 等用于生成高并发压力测试。

动手示例

产品经理向 ChatGPT 发送如下请求消息。

测试数据如下，帮我分析此性能测试结果。

测试数据集：请求ID，响应时间（毫秒），吞吐量（请求/秒），服务器负载
1，1235，458，75%
2，1189，433，62%
3，1310，412，88%
4，2402，405，92%
5，3198，393，70%
……

ChatGPT 的回答如下。

我的建议：
1. 响应时间较长的请求 ID 1 和 4，应该是系统在高负载下的性能瓶颈，建议针对这两个请求进行优化，如数据库索引优化或服务集群部署等。
2. 服务器负载保持在 70%～95%，较高但尚未达到极限。可以适当增加服务器数量或规格以提升吞吐量。
3. 查看高负载期间的数据库、内存、网络等服务器资源的利用率，找到性能优化的空间。
4. 根据高并发场景重复进行压力测试，观察系统性能指标的变化，不断优化和改进。

9.4 检验产品质量

检验产品质量是指在产品生产或提供的过程中，对产品进行检验以确保产品符合质量标准和要求的活动。这一步骤通常在产品生命周期的后期进行，目的是检测和纠正可能存在的质量问题，以确保产品能够满足客户的要求和期望，同时也是持续改进的一部分。

在检验产品质量时，通常需要制定相应的检验标准和方法，对产品进行全面的检测和测试，并记录和分析检测结果。如果发现存在质量问题或不符合标准要求，需要及时采取措施进行纠正和改进，以保证产品质量和客户满意度。

9.4.1 使用ChatGPT辅助检验产品质量

使用ChatGPT辅助检验产品质量，可以采取以下措施。

（1）协助确定质量检验方案。ChatGPT可以根据产品信息和质量目标要求，提出质量检验的技术方案建议，如性能测试方案、可靠性测试方案等。产品团队需要评估建议的合理性，并遵循行业标准定制最终方案。

（2）提供质量检验标准与方法参考。ChatGPT熟知各行业的产品质量检验标准和方法，可以提供相关参考信息，供产品团队选择和定制所需的标准与方法。这可以避免选择不太科学或无效的检验手段。

（3）协助编制质量检验计划书。ChatGPT可以根据确定的质量检验方案与方法，协助产品团队编制质量检验计划书，明确检验内容、程序、标准、工具、人员分工等，指导实际检验工作的开展。

（4）提供质量检验工作的监督和质量审核。在质量检验工作执行过程中，ChatGPT可以提供进度监督、问题提醒及质量审核等支持。例如提醒产品团队关注某些易出现问题的检验内容，或者对检验数据和报告进行评审，确保结果的准确可靠。

（5）根据检验结果提出产品改进建议。如果检验结果发现产品存在某些问题或不足之处，ChatGPT可以按照行业经验和产品原理，提供针对性的改进建议和解决方案。产品团队需要评估建议的可行性，并进行相应的产品修正。

（6）持续优化检验方案与提高效率。ChatGPT可以根据项目进展与环境变化，持续跟进和监测当前产品质量检验工作，并提出优化建议。例如简化方案、改进流程、提高自动化水平等，以追求最优的质量效果。

综上，ChatGPT可以在产品质量检验工作的各个环节提供知识与技术支持，协助产品团队高效实施质量保证措施，并根据结果采取改进手段。

9.4.2 案例4：新产品研发完成样机质量检验

下面我们列举一个产品质量检验案例，说明如何使用ChatGPT为产品质量检验提供支持。

某新研发产品完成样机试制，准备进行产品性能测试。产品团队与ChatGPT进行如下交互。

> **产品团队：**
>
> 我们的新产品样机已完成，需要进行全面性能测试以验证产品质量。请为我们提供一个测试方案建议。

> **ChatGPT：**
>
> 好的，根据您的产品信息，我建议如下性能测试方案：
>
> 1. 功能性测试：测试产品所有功能是否正常可用，达到设计要求。
>
> 2. 寿命测试：选择关键部件进行加速寿命测试，如1000小时连续工作测试。

3. 环境适应性测试：温度、湿度、振动等环境条件变化测试，评估产品适应性。

4. 安全性&可靠性测试：进行电气安全、机械强度等测试，并进行故障树分析评估产品可靠性。

5. EMC 测试：进行电磁兼容性测试，确保产品不对环境产生电磁干扰且有足够的抗干扰能力。

6. 性能数据收集与分析：进行工作参数监测与数据统计，判断产品性能是否达到指标要求。

> **产品团队：**
> 须根据产品特征选择适用的测试项目，并制定详尽的测试方案、标准与流程。

ChatGPT：
好的，加速老化测试是产品寿命检验的有效手段之一。我建议的加速老化测试方案如下：

选取 3~5 台样机，在恶劣的温湿度环境条件下（温度 40~50℃，相对湿度 95%RH）进行连续运行。同时增加产品工作负荷至额定值的 120%~150%，使产品处于加速老化状态。

定义产品关键部件的性能指标及失效标准，实时监测数据判断产品状态。将首次出现关键部件失效的样机寿命数据作为产品参考寿命。加速老化测试可以在相对短时间内测试产品寿命，但需注意测试条件的合理性，结果与正常使用寿命的转换关系，以及产生的负面影响等。

产品团队应综合评估，制定最终的产品寿命判断标准。

9.5 监控产品质量

监控产品质量的过程是质量管理的关键环节，可确保产品在整个生命周期中持续改进和提高产品质量。

以下是监控产品质量并提出持续改进建议的一些方法。

（1）收集质量数据：收集和分析产品质量数据，包括产品质量数据、用户反馈、质量报告等，了解产品的质量状况和存在的问题。

（2）进行产品质量检验：对产品进行全面的检测和测试，发现并及时纠正可能存在的质量问题，确保产品质量符合预期要求。

（3）分析质量数据：对收集到的质量数据进行分析和比较，发现出现质量问题的根本原因，制定相应的改进措施。

（4）提出持续改进建议：根据质量数据的分析结果，提出持续改进建议，包括改进产品设计、改进生产工艺、提高质量管理水平等，以达到持续改进和提高产品质量的目的。

（5）实施改进措施：根据改进建议，制订改进计划并实施改进措施，监控改进效果及时反馈并调整改进计划。

（6）持续改进：建立持续改进机制，不断优化质量管理流程和方法，持续提升产品质量和用户满意度。

综上，监控产品质量并提出持续改进建议是一个持续不断的过程，需要企业不断地收集和分析质量数据，采取有效的改进措施，持续改进和提高产品质量，以满足客户的需求和期望。

9.5.1 使用ChatGPT辅助监控产品质量

使用ChatGPT可以有效辅助产品团队监控产品质量，主要采取以下措施来实现。

（1）提供产品质量监督方案。根据产品特点，ChatGPT可以提出关键质量参数的监测点、监测频度与手段等方案建议，供产品团队参考和选择。方案需要兼顾质量、进度与成本，实现优化监控。

（2）协助编制质量监督计划。ChatGPT可以根据确定的监督方案，协助产品团队编制详细的质量监督计划，明确监督内容、检查表、频度、报告格式及工作流程等，指导实际监督工作开展。

（3）提供质量检查表与报告模板。ChatGPT可以提供各类质量监督检查表和报告模板，产品团队根据需要选择和定制，可以提高工作效率。

（4）质量数据分析与评估。ChatGPT可以对产品质量监督产生的数据、报告等信息进行分析和评估，判断产品质量状况并提出改进建议。产品团队需要审阅评估结果的准确性与合理性。

（5）提出质量改进措施。如果质量监督结果显示出现问题或不足，ChatGPT可以根据产品情况提出针对性的改进措施和方案建议，供产品团队选择实施以提高产品质量。

（6）持续检讨与优化。ChatGPT可以随着产品推进，跟进和监测当前质量监督工作的实施情况，并提出优化建议，如简化流程、增加自动化手段、改进数据分析模型等，不断提升监督工作的效率与效果。

（7）定期质量审核。ChatGPT可以定期对产品开展的质量监督工作进行全面审核，评估工作落实情况及效果，并提出进一步改进计划，确保持续达到质量目标要求。

9.5.2 案例5：某工业产品质量监督

下面通过一个产品质量监督案例，说明ChatGPT如何辅助监控产品质量。

案例背景

某工业产品进入设备安装调试阶段，产品团队需要加强质量监督工作，以控制关键工序质量风险。产品经理与ChatGPT进行交互如下。

> **产品经理：**
> 我们的产品进入设备安装阶段，请为质量监督工作提供方案建议。

🟢 ChatGPT：

好的，针对设备安装工序，我建议如下质量监督方案：

1. 现场检查：每日对设备安装工程的质量、进度等进行检查，填写现场检查表。检查员需要有相关工程背景知识。
2. 关键工序监控：对设备基础工程、管道安装、电器线路安装等关键工序实施全过程监控，记录详尽工序记录。
3. 安全管理：加强施工现场安全管理，每周安全检查1~2次。严禁违章行为，做好隐患排查。
4. 技术交底：安装单位针对复杂工序进行工艺交底，产品监理人员进行技术评审并签字确认。
5. 质量数据报告：每周质量/安全数据统计分析报告，报告产生的问题及时改进与整改。
6. 专家审查：邀请相关专家对关键工序/设备进行质量审查，并提供审查报告。产品团队需根据上述方案制订详细的质量监督计划，明确各监督内容的检查点与检查标准。

我可以提供检查表和报告模板，并对监督产生的质量数据与报告进行分析评价，提出持续改进措施。定期的质量审核也非常重要，可以保证监督工作成效。

产品经理：

谢谢您的方案建议。其中"专家审查"我们暂时难以实施，是否可以采取替代措施？我们也希望您提供设备基础安装的检查表作为参考。

🟢 ChatGPT：

我理解，专家审查在某些情况下较难安排。作为替代，我建议：可以考虑邀请设备制造商或供应商的工程技术人员对关键工序设备安装质量进行审查，并出具审查报告。作为设备/工艺的专业人士，也可以有效发现问题并提出解决方案。

9.6 本章总结

本章主要介绍了 ChatGPT 在产品测试与质量管理中的应用。首先介绍了测试用例的概念，并探讨了如何使用 ChatGPT 辅助生成测试用例。通过案例展示了如何利用 ChatGPT 辅助生成购物 App 的测试用例，并提高测试用例的生成效率和准确性。

接着介绍了自动化测试脚本编写，包括使用 ChatGPT 辅助编写自动化测试脚本和 Selenium 工具的应用。通过案例展示了如何使用 ChatGPT 辅助编写 Selenium 自动化测试脚本，从而提高测试的自动化程度和效率。

在测试结果分析方面，ChatGPT可以辅助进行测试结果分析，帮助产品团队深入理解和评估测试结果。通过案例展示了如何使用ChatGPT进行电商平台应用的测试结果分析，并提供数据支持和质量评估。

对于产品质量的检验和监控，ChatGPT也发挥了重要作用。通过案例展示了如何利用ChatGPT辅助进行产品质量的检验和监控，例如新产品研发完成样机的质量检验和某工业产品的质量监督。

综上，本章介绍了ChatGPT在产品测试与质量管理中的应用。通过ChatGPT的辅助，产品团队可以更高效地生成测试用例和自动化测试脚本，提升测试效率和准确性。ChatGPT还可以帮助分析和评估测试结果，以及进行产品质量的检验和监控。这些应用使得产品测试和质量管理更加智能和高效，有助于提升产品的稳定性和质量，满足用户的需求和期望。

第10章 ChatGPT 辅助产品发布与运营

ChatGPT在产品发布与运营中可以发挥重要的辅助作用。ChatGPT辅助产品发布与运营主要体现在以下几个方面。

（1）营销内容生成：ChatGPT可以辅助生成营销内容，包括广告文案、推广文案、社交媒体内容等。它可以根据产品特点和目标受众生成吸引人的文字内容，提升产品的曝光度和用户吸引力。

（2）个性化推荐：ChatGPT可以基于用户的历史行为和兴趣，为用户提供个性化的推荐内容。通过分析用户数据和与ChatGPT的对话，产品团队可以了解用户的偏好和需求，向其推荐最相关的产品或服务。

（3）数据分析与运营决策：ChatGPT可以用于数据分析和运营决策。它可以帮助团队分析大量的用户行为数据和业务指标，提供洞察和预测，为产品的运营决策和优化提供支持。

总的来说，ChatGPT在产品发布与运营过程中可以提供生成营销内容、优化用户体验和辅助进行数据分析与运营决策，帮助产品团队更好地理解用户需求、改进产品，以及制定有效的营销和运营策略。

10.1 产品营销

产品营销是指通过各种策略和活动，将产品引入市场并吸引目标用户，最终达到销售和品牌建设的目标。

10.1.1 使用ChatGPT生成营销内容

使用ChatGPT生成营销内容可以为营销团队提供创意和灵感，帮助他们撰写吸引人的广告文案、推广文案和社交媒体内容。以下是使用ChatGPT生成营销内容的一般步骤。

（1）明确目标受众：确定要针对的目标受众和营销目标。了解目标用户的特点、需求和偏好，以便生成与他们相关的内容。

（2）生成创意内容：使用训练好的ChatGPT模型，向其提供相应的问题或指导语句，例如"请为我们的新产品写一个吸引人的广告文案"或"为即将推出的促销活动写一则推广文案"。ChatGPT将生成多个可能的答案或内容。

需要注意的是，生成的营销内容是由ChatGPT模型产生的，其质量和准确性可能会有一定的局限性。因此，生成的内容应该经过人工的审查和编辑，确保其与品牌形象和营销目标的一致性。ChatGPT可以作为一个有用的创意辅助工具，但最终的决策和编辑仍应由营销团队来完成。

10.1.2 案例1：使用ChatGPT辅助生成新产品广告推广

下面通过一个具体案例介绍一下如何使用ChatGPT辅助生成新产品的广告推广。

第 10 章 ChatGPT 辅助产品发布与运营

👆 动手示例

> 🗨 **营销人员向 ChatGPT 发送如下请求消息。**
> 我们品牌要在社交媒体上推广新产品 ABC 运动鞋,希望能生成一条吸引人的广告文案。

> 🤖 **ChatGPT 的回答如下。**
> 很好,请提供 ABC 运动鞋的相关信息,以及目标受众的特征,这将有助于我为您生成更贴近需求的广告文案。

> 🗨 **营销人员向 ChatGPT 发送如下请求消息。**
> ABC 运动鞋是一款轻量化的休闲跑鞋,采用最新气垫和碳纤维鞋底技术,重量只有 200 克。目标用户是 18~35 岁喜欢健身运动的中产白领,偏好时尚和高科技感的产品。希望广告文案强调产品轻量高科技,并以年轻化的语言吸引这一群体。

> 🤖 **ChatGPT 的回答如下。**
> 好的,根据您提供的信息,我生成了两条广告文案供参考:
> 文案 1(时尚青春版):
> ABC,时尚与科技的完美结合!
> 200 克的轻盈魔术,气垫减震高科技,时尚设计潮流新宠。
> 穿上 ABC,一步一个脚印,飘逸出每一个青春力量!
> 给生活带来动力,给城市带来色彩,给每一天带来无限可能!
> 想飞就飞,想跑就跑,年轻由我,ABC 助您闪光!
> 文案 2(科技体验版):
> 全新 ABC,科技变革体验!
> 200 克碳纤维鞋底,气垫减震新技术,每一步都是飞跃!
> 轻如鸿毛,软如棉花,却力大如牛。
> 跑过就飞,跑到就停不下来!
> 穿上 ABC,操场变跑道,路变风景。
> 科技创新,体验革命,ABC 让您爆发潜力无限!
> 请评估两条文案的吸引力和匹配度,我可以根据您的反馈进一步优化内容。如果文案不尽如人意,也请直言不讳,我会生成全新的文案。

> 🗨 **营销人员向 ChatGPT 发送如下请求消息。**
> 文案 1 较为青春时尚,很匹配目标受众。但标题和文本里的"时尚"一词使用得太频繁,

显得有些刻意。

文案 2 突出了产品科技感，较好地传达了体验优势，整体较为吸引人。

10.1.3 使用ChatGPT辅助个性化推荐

在个性化推荐方面，ChatGPT可以发挥重要的辅助作用。以下是使用ChatGPT辅助个性化推荐的一般步骤。

（1）数据收集：收集用户行为数据，包括浏览记录、购买记录、评价和偏好等。这些数据可以帮助了解用户的兴趣和喜好。

（2）个性化推荐生成：当用户发起查询或请求推荐时，将用户的查询输入ChatGPT模型中，可获得生成的推荐结果。ChatGPT可以根据用户的查询和历史行为生成个性化的推荐内容，例如产品推荐、文章推荐等。

使用ChatGPT辅助个性化推荐可以改善用户体验，提升用户满意度和忠诚度。通过了解用户的兴趣和偏好，并结合ChatGPT生成的个性化推荐内容，产品团队可以更好地满足用户需求，提供更有价值的产品和服务。

10.1.4 案例2：ChatGPT辅助电商平台个性化推荐

下面通过一个具体案例介绍一下如何使用ChatGPT辅助个性化推荐。

案例背景

一家电商平台希望为用户提供个性化的商品推荐服务。平台已经拥有5000万用户及大量用户购买和浏览数据。平台希望根据这些数据构建用户兴趣和喜好画像，产品经理希望根据用户ID为用户提供个性化的商品推荐。

动手示例

> **产品经理向ChatGPT发送如下请求消息。**
>
> 我们希望为用户ID为1234的用户提供个性化的商品推荐。该用户喜欢连衣裙和生活家风格商品，能否请您为其生成3～5条商品推荐？

> **ChatGPT的回答如下。**
>
> 很好，请提供该用户更详细的信息，包括：
> 1. 用户最近6个月的主要浏览和购买记录，帮助我更清晰地理解该用户的兴趣偏好；
> 2. 用户可能感兴趣的商品种类，例如家居服、鞋类、配件等；

3. 期望的推荐商品数量和形式（图文或纯文字）。

更详细的信息将有助于我生成更加个性化和准确的商品推荐。

产品经理向 ChatGPT 发送如下请求消息。

好的，这里是该用户最近 6 个月的主要数据：

浏览记录：连衣裙 1500 条、睡衣 800 条、文艺小物 600 条。

购买记录：印花连衣裙 3 件、吊带连衣裙 2 件、柔软家居服 5 件。

用户可能感兴趣的其他商品：家居鞋、围巾、香氛蜡烛。

期望得到 3~5 条带图片的商品推荐，推荐内容以连衣裙和生活家居为主。

ChatGPT 的回答如下。

很好，根据您提供的用户数据，我生成了以下 3 条个性化商品推荐：

推荐 1：某品牌印花连衣裙

推荐理由：根据用户的浏览和购买记录，印花连衣裙是其喜爱的商品类目。该新品印花连衣裙浪漫温馨，很适合该用户的兴趣偏好，值得推荐。

推荐 2：某品牌防晒家居服套装

推荐理由：用户曾购买过该品牌舒适的家居服，新品防晒家居服创新面料舒适透气，同时考虑到用户对小物件的偏好，作为套装与配饰捆绑销售，可以满足用户的整体需求。

推荐 3：某品牌香薰蜡烛套装

推荐理由：用户对蜡烛和香薰感兴趣，该品牌香薰蜡烛套装包括多种氛围的香薰蜡烛，可以满足使用场景的不同需要，也符合用户生活家的整体饰品风格，是情感十足的个性化推荐。

请您对上述推荐结果进行评估，我可以根据您的反馈进一步优化推荐模型，输出更加准确和更高质量的个性化推荐。如果推荐不尽如人意，也请直言，我可以作出修改。

产品经理向 ChatGPT 发送如下请求消息。

推荐 1 和推荐 3 较匹配该用户兴趣，但推荐 2 还需进一步考虑。请在下一轮个性化推荐中，将其他用户卖得较好的浪漫印花睡衣或配饰也包含进去。就该用户而言，整体家居体验是重要的。总体来说，推荐结果良好，请继续努力！

10.2 产品数据分析与运营决策

在产品发布与运营中，数据分析与运营决策主要体现在以下方面。

（1）Beta测试数据分析。分析Beta测试用户对产品的使用情况、反馈意见，判断产品是否达到发布标准，并进行必要的产品修订与改进。这有助于产品的成功发布。

（2）发布后的使用数据分析。分析产品发布后的日活跃用户数、用户留存率、关键功能的使用频率等，评估产品的受欢迎程度和活跃度，为产品优化与功能改进提供依据。

（3）销售数据与市场反馈分析。分析不同渠道的销售数据、市场占有率、客户评价与反馈，评估产品的市场定位与定价是否恰当，发现产品存在的不足和需要改进的地方。这有助于营销策略与产品路线的优化。

（4）运营决策。根据上述数据分析，可以做出以下运营决策。

- 产品路线与定价调整。根据市场反馈调整产品定位和价格，实现产品价值最大化。
- 新功能开发与产品优化。根据用户使用数据和反馈开发新功能，简化流程，改善用户体验。
- 营销策略优化。根据销售数据分析，选择更高ROI的营销渠道和工具，扩大产品影响力。
- 服务提升。根据客户反馈持续优化售前售后服务，提高客户满意度，改善产品口碑。

所以，在产品发布与运营阶段，数据分析与运营决策主要依靠Beta测试数据、产品使用数据、销售数据与市场反馈等进行，并在产品路线、功能改进、定价策略、营销计划和客户服务等方面做出相应的判断与决策，这有助于产品的持续优化与实现商业价值的最大化。这是产品运营管理的关键部分。

10.2.1 ChatGPT辅助产品数据分析与运营决策

ChatGPT这类AI助手可以在产品发布与运营的数据分析与运营决策中提供以下帮助。

（1）Beta测试数据分析。ChatGPT可以帮助整理Beta测试用户的反馈数据，生成测试报告，实现相关数据可视化，让产品经理直观判断测试结果并做出产品修订决策。

（2）发布后数据跟踪与分析。ChatGPT可以定期从数据中提取关键业务指标，如日活跃用户、留存率、功能使用频率等，生成数据跟踪报告与对比分析，让产品经理实时了解产品运营状况与用户反馈，及早发现问题并进行运营优化。

（3）销售数据与市场情报分析。ChatGPT可以整合不同渠道的销售数据与市场信息，分析产品占有份额、客户评价与竞品动向等，生成市场与竞争分析报告，帮助产品经理判断产品定位与制定销售策略。

（4）运营决策建议。根据上述数据分析与报告，ChatGPT可以为产品经理提供如下运营决策建议。

- 产品路线与定价优化建议：根据市场反馈与竞争产品，提出产品定位与定价调整方案。
- 功能开发与产品改进建议：根据用户使用数据与反馈，提出新功能开发与产品优化计划。
- 营销策略优化建议：根据不同渠道的数据分析与市场情报，提出更高ROI的营销方案与资源配置建议。
- 服务提升建议：根据客户反馈与满意度数据提出服务流程优化与升级的建议。

所以，ChatGPT可以成为产品经理的智能助手与决策参考。通过分析海量数据与市场信息，

ChatGPT可以定期生成数据跟踪报告，提供市场竞争分析与相关决策建议，让产品经理全面了解产品与市场状况，降低决策难度与风险，不断完善产品与提高运营效率。这将成为企业实现AI驱动的关键一步。

10.2.2 案例3：Connection应用Beta测试数据分析

Beta测试是产品开发过程中的重要环节，它通常在产品开发接近完成时进行，主要目的是评估产品的稳定性、易用性和满意度，发现存在的问题及优化空间，为产品的正式发布做准备。Beta测试的主要特征包括以下几个方面。

（1）测试对象为外部试用者或早期采用者，更具市场代表性。不同于内部Alpha测试。

（2）产品功能和界面较为成熟稳定，主要测试产品体验和易用性，检验产品在真实环境中的表现。

（3）试用者需要真实地使用并评价产品，提供使用反馈并提出改进意见。产品经理需要收集并分析这些反馈与数据。

（4）试用环境更加接近产品正式上线后的实际运营环境。可以检验产品在不同平台、区域与网络条件下的表现。

（5）根据测试评估与用户反馈结果，需要进一步改进产品，提高其运营稳定性与获得市场认可的概率。所以，Beta测试的主要目的是评估产品的初步成熟度与市场潜力，发现存在的问题并进行针对性优化。成功的Beta测试可以帮助产品更好地满足市场需求，提高上线后的竞争力。

案例背景

Connection是一款专注于增强社交互动的手机应用。其主要功能包括以下几个方面。

（1）私信功能：提供安全私密的消息交流渠道，内容加密且销毁时间可控。满足用户的私密社交需求。

（2）朋友圈功能：用户可以分享照片、视频、文字等，并允许好友点赞、评论和转发。带动用户之间的社交互动。

（3）动态功能：支持用户发表自己的思想感受与实时动态。其他用户可以关注、点赞和评论，打造自己的思想影响力。

（4）兴趣圈功能：用户可以加入共同兴趣话题的讨论与交流，更容易与有共同兴趣的人产生互动。产品定位为专注于安全的社交应用，满足用户在朋友圈互动之外的私密社交需求，特别针对年轻用户，满足其社交与自我表达需求。

产品上线半年来获得了较快增长，日活跃用户达到15万级，但市场竞争也激烈。主要竞品在社交互动与分享体验上占优势，产品的私密社交属性尚未充分发挥，用户黏性有待提高。

因此产品经理Tom希望通过ChatGPT分析Beta测试的数据与用户反馈，评估产品当前的运营状况，发现改进机会与提高竞争力的突破口。

动手示例

Tom 向 ChatGPT 发送如下请求消息。

我已经获得 Connection 新版本 Beta 测试的数据和 5000 名用户的反馈意见,其中部分数据如下:

日活跃用户:32,000,留存率:65%,次日留存率:51%。私信功能的留存率较低,只有 47%。

功能使用频率:私信 32%,好友圈 78%,评论 41%。私信功能使用率低。

客户满意度:产品体验 72%,易用性 76%,私信功能 63%,社交互动 79%。私信体验评分较差。

推荐意愿:总体 70%,私信功能 54%,好友圈 83%,社交互动 76%。私信功能的推荐度较低。

地区使用:中国区的数据各项指标均高出 10%。海外市场的指标较差,私信功能尤为不足。

平台使用:iOS 使用率 61%,Android 55%。但功能体验高度一致,差异化不足。

请你分析这些详细数据并生成测试评估报告,我们来讨论如何提高产品竞争力。

ChatGPT 的回答如下。

根据 Beta 测试的数据和用户反馈,我生成了以下评估报告:

1. 产品体验满意度为 72%,较高但还有提升空间。私信功能体验仅 63%,较差。社交与互动功能得分较高。

2. 私信功能使用率和推荐度较低,仅 32% 和 54%。需提高私信功能的体验和黏性。

3. 部分用户反馈界面与流程还不够简洁,易用性需要提高。移动端体验优于其他平台。

4. 不同地区用户在私信功能上的评分差异不大,差异化体现不足。

Tom 向 ChatGPT 发送如下请求消息。

这个报告比较全面,私信功能和产品体验似乎是我们需要优化的重点?

ChatGPT 的回答如下。

根据测试数据和用户反馈,私信功能与产品体验是两个最需要提高的方面:

1. 私信功能的体验与黏性较差,使用率和推荐度较低,无法满足用户的私密互动需求,这也是用户留存率不高的主要原因。我们需要重点强化私信功能,提高其体验与社交属性。

2. 产品的易用性与流程体验还有提高空间,需要简化界面与流程,特别是移动端体验需要优先提高。这可以提高用户黏性与使用频率。

3. 产品在不同地区与平台上的差异化不足，我们需要加强版本差异化，满足不同用户群的个性化需求，这也是满足用户并提高产品竞争力的关键。

4. 除强化私信功能外，我们也可以在社交与互动功能上进一步提高，来与竞品形成差异化优势。这可以成为我们的竞争制高点。

所以，我的建议是：私信功能升级、产品体验优化与差异化提高。这 3 个方面将有助于解决 Beta 测试中发现的问题，增强产品的社交属性与获得持续竞争优势。这些建议与方向值得我们进一步讨论与实施。

> **Tom 向 ChatGPT 发送如下请求消息。**
>
> 非常感谢你的建议，我们将按此来制定产品优化计划与迭代路线图。期待产品下一次测试可以有更好的结果！

> **ChatGPT 的回答如下。**
>
> 我很高兴能提供有价值的分析与建议，帮助您提升产品的体验与竞争力。期待产品经过修改后的表现，Beta 测试数据的改进将证明这些建议的有效性。我也会继续努力，通过分析更丰富的数据与反馈来提高自己的产品运营分析与决策能力。让我们携手努力，不断优化产品与提升用户体验。

10.2.3 案例4：Connection 应用发布后数据跟踪与分析

在产品发布上线后，持续跟踪与分析运营数据至关重要，它直接影响产品的持续优化与差异化迭代。假设 Tom 在 Connection 新版本发布 1 个月后，将相关运营数据与客户反馈数据提供给 ChatGPT，让其帮助分析。

动手示例

> **Tom 向 ChatGPT 发送如下请求消息。**
>
> Connection发布 1 个月后的运营数据与客户反馈如下。请分析数据并给出持续优化的方向与建议。
>
> 【1 个月运营数据】
> 日活跃用户：105,000，月活跃用户：780,000
> 功能使用率：私信 75%，好友圈 92%，评论 85%
> iOS 使用率：69%，Android 使用率：62%
> 美国日活跃用户：22,000，中国日活跃用户：38,000

【客户反馈摘要】
体验简洁流畅,但社交功能差异化不足;
私信功能改进空间较大,分享与互动体验可提高;
移动端功能较单一,差异化体验更丰富将更好;
部分用户不太熟悉功能,新用户引导可加强。

ChatGPT的回答如下。

非常感谢您提供的详细运营数据与客户反馈摘要。根据分析,我的评价与持续优化建议如下:

1. 日活跃用户与月活跃用户数量较理想,产品获得较好的市场认可,但私信功能与长期黏性仍需提高。

2. 私信功能使用率虽有提高但仍可优化,它直接影响社交体验与用户留存。客户反馈也提示其差异化与互动性有待加强。

3. iOS使用率高于Android,这提示产品需要进一步增强Android版本的差异化与体验,达到更好的平台适配度。

4. 美国市场与中国市场的数据差异明显。这需要产品在界面框架与功能体验上实现更高度的地区差异化,满足不同文化习惯。

综上,我的优化建议是:
(1)聚焦提高私信功能体验,加强社交互动与差异化;
(2)增强Android版本的差异化,完善平台适配;
(3)加强新用户入口引导,提高初期黏性与留存率;
(4)实现更高度的地区差异化,加强在美国市场的适应度;
(5)不断丰富功能与体验,提高产品长期竞争力。
希望这些建议得到实际运营数据与客户反馈的支持。

10.2.4 案例5:Connection销售数据与市场情报分析

对于任何企业来说,销售数据与市场情报都是衡量产品成果与调整策略的关键依据。如果Tom能提供Connection在上一个季度的详细销售数据与相关市场情报,ChatGPT可以基于这些数据给出深入的市场与产品分析,为企业提供战略建议。

动手示例

Tom 向 ChatGPT 发送如下请求消息。

这里是Connection在上个季度的销售数据与市场情报报告,请对数据进行分析并提出您的看法与建议。

【销售数据】
总销售额：$28M，同比增长12%
iOS付费转化率：3.2%，Android付费转化率：2.8%
美国销售额：$15M，中国销售额：$8M
游戏付费用户占比：67%，社交付费用户占比：23%
【市场情报】
社交类应用增速放缓，游戏应用销售额超过社交类。
中国移动互联网用户增速放缓，付费转化率有限提高空间。
美国社交应用受众更青睐简约产品，偏好差异化体验。
新兴社交应用以高校及年轻人为主要受众，转化率较高。

ChatGPT 的回答如下。

非常感谢您提供的销售数据与市场情报报告。根据我的分析，您可以考虑以下看法与建议：

1. Connection总销售额与同比增长率较理想，但付费转化率空间犹存，可进一步提高。

2. iOS付费转化率高于Android，这显示iOS用户更具消费潜力。产品可在iOS上进一步实现差异化与个性化，以提高其销售额与转化率。

3. 美国市场销售额较高，但市场情报显示其受众更青睐差异化体验的简约产品。产品需调整以满足美国用户特征，加强差异化提高销售额。

4. 中国市场销售额尚可，但付费转化率提高空间有限。产品可扩大非游戏分类受众，以社交互动为卖点提高付费转化率。

5. 产品收入来源过于依赖游戏用户，社交类用户份额偏低。可在社交体验与互动上下功夫，丰富非游戏社交内容，扩大社交用户群。

综上，我的主要建议是：

（1）iOS版产品实现更高差异化，直接提高其销售额与转化率；
（2）加强美国市场差异化，调整以攻克其受众偏好，提高销售额；
（3）中国市场扩大社交类付费用户，以社交为卖点提高总体转化率；
（4）增强产品的社交属性与体验，拓展非游戏用户源，优化收入结构；
（5）持续优化产品与营销策略，在移动互联网增速放缓的环境下保持较高增长。

这些建议得到销售数据与市场情报的直接支撑。我们需要制定详尽的产品运营计划与销售策略来实施这些建议，追踪执行效果并修正优化。这将有助于在增速放缓的市场保持较高竞争力与增长潜力。数据驱动与技术赋能，这是企业实现盈利增长的必由之路。

10.2.5 案例6：Connection运营决策建议分析

对于企业产品运营来说，有效的数据与洞察可以直接影响产品运营的方向与效果。如果Tom能在某一运营决策点，提供相关数据与选项，ChatGPT可以基于全面分析给出系统的决策建议。

假设Tom在某产品活动方案的决策点，提供以下数据与方案选项，ChatGPT可以给出详细的分析与建议。

👆 动手示例

> 🗨 **Tom 向 ChatGPT 发送如下请求消息。**
>
> 我们正在决定月中旬的产品活动方向，现有以下2个选项与数据，请分析并给出您的决策建议。
>
> 选项1：大促销活动，全场8折
>
> 参考数据：上次大促销，销售额增30%，留存率下降4%
>
> 选项2：新版上线联合布道会
>
> 参考数据：上次新版上线，销售额增15%，留存率上升6%

> 🌀 **ChatGPT 的回答如下。**
>
> 非常感谢您在此决策点提供的相关数据与选项。根据我的分析，您可以考虑以下建议：
>
> 1. 大促销活动可以直接带来较高销售额增长，但同时会压缩利润空间与降低用户留存率。这与产品长期盈利与用户基本面不太匹配。
>
> 2. 新版上线活动虽然销售额增长幅度低于大促销，但可以提高用户留存率与活跃度，有助产品中长期盈利与用户增长。这更符合产品运营的根本目标。
>
> 3. 两种活动选项的销售额增长与留存率变化幅度差异较大。这提示产品可以在活动方案上，实现更高度的差异化与平衡，同时达成短期销售与长期留存的目标。
>
> 综上，我的决策建议是：
>
> （1）优先选择新版上线联合布道会方案，以提高用户活跃与长期留存为目标；
>
> （2）同时在执行新版上线活动方案时，可以适当结合限时折扣等营销手段，以达到一定的销售额增长；
>
> （3）持续跟踪该活动方案的执行数据，修正与再优化，实现在产品运营中高效结合数据与决策的闭环。
>
> 未来产品活动方案设计上，实现更高的差异化与均衡，同时兼顾短期与长期目标，这需要更加全面与细致的数据支撑。

这是一份基于数据与长期目标的系统决策建议。我们需要制定详细的活动方案与运营策略来实施这些建议，并持续跟踪数据以修正与提高。这将真正实现技术与数据驱动的产品运营闭环，不断提升其精准性与效果。

ChatGPT等AI产品可以在这一过程中发挥重要作用，利用提供的数据与选项给出准确的分析与决策建议，为企业指明清晰的运营方向。

10.3 本章总结

本章介绍了ChatGPT在产品发布与运营中的应用。首先讨论了产品营销领域如何使用ChatGPT生成营销内容，以及进行个性化推荐。通过案例展示了使用ChatGPT辅助生成新产品广告推广和电商平台个性化推荐的过程，提高了营销内容的生成效率和个性化推荐的准确性。

接着介绍了ChatGPT在产品数据分析与运营决策方面的应用。ChatGPT可以辅助进行产品数据分析和运营决策，通过案例展示了如何利用ChatGPT进行Connection应用的Beta测试数据分析、发布后数据跟踪与分析、运营决策的建议分析，以及销售数据与市场情报分析。这些分析结果为运营决策提供了数据支持和决策建议。

综上，本章介绍了ChatGPT在产品发布与运营中的应用。通过ChatGPT的辅助功能，产品团队可以更高效地生成营销内容和个性化推荐，提升营销效果和用户体验。同时，ChatGPT还能帮助产品团队进行数据分析和运营决策，提供数据支持和决策建议。ChatGPT在这些方面的应用使得产品发布和运营更加智能和高效，有助于提升产品的市场竞争力和用户满意度，实现商业目标。

第 11 章

ChatGPT 辅助产品创新与演进

在当今竞争激烈的市场环境下，产品创新和演进对于企业的成功至关重要。ChatGPT作为一种强大的语言生成模型，可以为产品团队提供创新思路、市场洞察和用户反馈分析，从而在产品的创新和演进过程中发挥重要作用。本章将探讨ChatGPT如何辅助产品创新与演进，以及其在产品战略与未来发展中的应用。

11.1 ChatGPT在产品创新与市场适应中的作用

ChatGPT可以利用企业拥有的数据与选项，结合行业趋势与用户研究，给出全面而系统的产品创新与市场适应建议。主要体现在以下五个方面。

（1）利用数据识别新机会与蓝海市场，发现新的产品与业务模式。例如基于位置数据开发出新的O2O服务。

（2）分析行业发展趋势与前沿技术，提出前瞻性的产品创新与转型思路。例如基于5G与VR技术探索新的产品与体验类型。

（3）利用用户研究与体验数据，设计差异化的产品与功能改进建议。例如为不同年龄段与兴趣群体定制个性化的产品体验。

（4）根据市场环境与竞争态势变化，提出适时的产品调整与战略转型建议。例如新兴竞争对手兴起，建议产品及早采取差异化和协同发展策略。

（5）持续监测最新技术发展与潮流变化，不断为企业提供前沿性的创新机会与风险警示。这可以推动企业建立长期的技术雷达与保持产品视野。

通过这5个方面，ChatGPT可以发挥重要作用，利用数据与前瞻性洞察为企业产品创新与市场适应提供系统且实用的建议与思路。这有助于企业抓住机遇，应对挑战，推动产品不断演进与变革。

11.1.1 案例1：基于ChatGPT的智能音箱产品创新与市场适应

下面通过一个具体的案例，展示ChatGPT在产品创新与市场适应中的作用。

案例背景

SmartSound是一家创新型电子消费品公司，专注于智能音箱的研发和生产。随着市场竞争的激烈，SmartSound面临如何在市场中脱颖而出的挑战。公司希望利用ChatGPT辅助产品创新与市场适应，为用户提供独特而个性化的音乐体验。

在市场调研和用户研究中，SmartSound发现了一个潜在的市场机会。虽然市场上已经有很多智能音箱产品，但大多数产品更侧重于提供智能助手功能，而音质和音乐体验方面的个性化服务相对较少。他们决定以这一市场需求为导向，打造一款集智能助手、个性化音乐推荐和高音质体验于一体的智能音箱产品。

为了确保产品的创新和市场适应性，SmartSound决定借助ChatGPT的能力，利用数据分析、行业趋势和用户反馈等多方面的信息，制定全面而系统的产品创新和市场适应策略。他们希望通过ChatGPT的辅助，获取科学、可行的建议，使SmartSound的智能音箱在市场中脱颖而出，并为用户带来卓越的音乐体验。

动手示例

> **产品经理向ChatGPT发送如下请求消息。**
> 欢迎参加我们关于SmartSound产品创新和市场适应的讨论。我们知道SmartSound正在利用ChatGPT来辅助我们的决策过程。让我们深入了解一些具体数据和图表，看看它们如何支持我们的产品战略。

> **ChatGPT的回答如下。**
> 当然！我准备好为您提供数据和图表，让我们开始吧。

> **产品经理向ChatGPT发送如下请求消息。**
> 首先，我对用户偏好和市场趋势的数据感兴趣。有什么关于智能音箱市场的数据可以分享吗？

> **ChatGPT的回答如下。**
> 根据我们的市场研究，以下是一些关键数据：
> 用户偏好图表：
> 图表1：智能音箱中的首选功能
> 语音助手功能：65%
> 高品质音效：45%
> 个性化音乐推荐：38%
> 时尚设计：28%
> 市场趋势图表：
> 图表2：过去一年智能音箱市场的增长
> 2022年第一季度：销售1000万台
> 2022年第二季度：销售1500万台
> 2022年第三季度：销售2000万台
> 2022年第四季度：销售2500万台

> 产品经理向ChatGPT发送如下请求消息。
>
> 这些数据非常有用！用户对语音助手功能和高品质音效的偏好比例很高。那么，我们如何利用这些数据来指导产品创新呢？

> ChatGPT的回答如下。
>
> 根据用户偏好数据，我们可以将语音助手功能和高品质音效作为产品创新的重点。我们可以进一步改进语音助手的智能性和响应速度，并投入更多资源来提升音效。这样可以满足用户的需求，增强我们的竞争力。

> 产品经理向ChatGPT发送如下请求消息。
>
> 很好的建议！接下来，我对市场适应方面的数据和见解很感兴趣。ChatGPT能否提供一些有关竞争对手和市场份额的数据？

> ChatGPT的回答如下。
>
> 当然，这是我们的竞争分析数据：
> 竞争分析图表：
> 图表3：基于市场份额的竞争对手分析
> 竞争对手A：35%市场份额
> 竞争对手B：28%市场份额
> SmartSound：15%市场份额
> 其他竞争对手：22%市场份额

> 产品经理向ChatGPT发送如下请求消息。
>
> 这些数据给我们提供了关于竞争对手在市场中的位置的洞察。我们如何利用这些数据来做出明智的决策并适应市场呢？

> ChatGPT的回答如下。
>
> 根据竞争对手分析和市场份额数据，我们可以评估我们的竞争地位，并确定改进和增强的方向。我们可以借鉴竞争对手的成功策略，并强调我们的独特卖点，如个性化音乐推荐和优质音效。同时，我们可以针对市场需求进行定制化的营销活动，提高我们的市场份额。

> **产品经理向ChatGPT发送如下请求消息。**
> 非常好！ChatGPT提供的数据和见解对我们的决策和市场适应至关重要。感谢您的支持和帮助！

> **ChatGPT的回答如下。**
> 我很高兴能够为您提供帮助。ChatGPT将继续支持您的产品创新和市场适应，随时为您提供数据分析和建议。

11.1.2 案例2：基于ChatGPT的智能音箱产品用户偏好分析

11.1.1 小节案例中ChatGPT并没有给出可视化的图表，只是给出了图表中的数据，这是因为ChatGPT不能直接输出图片。本小节我们借助ChatGPT生成用户偏好图表，具体过程如下。

第1步：使用ChatGPT将数据转换为CSV表格。
第2步：将CSV表格转换为Excel表格。
第3步：使用Excel表格生成图表。
第4步：根据自己的使用偏好修改图表。
第5步：将Excel中的图表输出。

动手示例

> **产品经理向ChatGPT发送如下请求消息。**
> 用户偏好图表数据如下，请帮我转换为CSV表格。
> 图表1：智能音箱中的首选功能
> 语音助手功能：65%
> 高品质音效：45%
> 个性化音乐推荐：38%
> 时尚设计：28%

> **ChatGPT的回答如下。**
> 以下是用户偏好图表的CSV表格数据：
> 功能,偏好百分比
> 语音助手功能,65%
> 高品质音效,45%
> 个性化音乐推荐,38%

时尚设计,28%

你可以将以上数据保存为CSV文件,并根据需要进行进一步处理或分析。

复制上述CSV数据并保存为"用户偏好图表数据.csv"文件,然后转换为Excel文件"用户偏好图表数据.xlsx",打开该Excel文件,如图11-1所示。

有了Excel数据后可以参考2.5.2小节相关内容,在Excel中生成图表,如图11-2所示。由于"用户偏好图表"适合采用饼图展示,因此这里选择的是饼图。然后根据自己的使用偏好设置图表,最后获得的图表如图11-3所示。

图11-1 用户偏好图表数据.xlsx

图11-2 生成图表

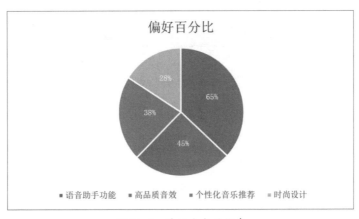

图11-3 最后生成的图表

11.1.3 案例3：基于ChatGPT的智能音箱产品市场趋势分析

本小节我们来介绍如何利用ChatGPT生成市场趋势图表。

动手示例

> 🙋 **产品经理向ChatGPT发送如下请求消息。**
>
> 市场趋势图表数据如下，请帮我转换为CSV表格。
> 图表2：过去一年智能音箱市场的增长
> 2022年第一季度：销售1000万台
> 2022年第二季度：销售1500万台
> 2022年第三季度：销售2000万台
> 2022年第四季度：销售2500万台

> ⑤ **ChatGPT的回答如下。**
>
> 以下是市场趋势图表的CSV表格数据：
> 时间,销售量（单位：万台）
> 2022年第一季度,1000
> 2022年第二季度,1500
> 2022年第三季度,2000
> 2022年第四季度,2500
> 你可以将以上数据保存为CSV文件，并根据需要进行进一步处理或分析。

复制上述CSV数据并保存为"市场趋势图表数据.csv"文件，然后转换为Excel文件"市场趋势图表数据.xlsx"，打开该Excel文件，效果如图11-4所示。

时间	销售量（单位：万台）
2022年第一季度	1000
2022年第二季度	1500
2022年第三季度	2000
2022年第四季度	2500

图11-4 市场趋势图表数据.xlsx

有了Excel数据后可以参考2.5.2小节相关内容，在Excel中生成图表，如图11-5所示。由于"市场趋势图表"适合采用折线图展示，因此这里选择的是折线图。然后根据自己的使用偏好设置图表，最后获得的图表如图11-6所示。

第 11 章 ChatGPT 辅助产品创新与演进

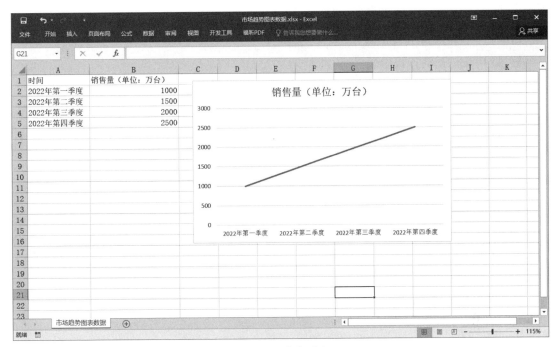

图 11-5　生成图表

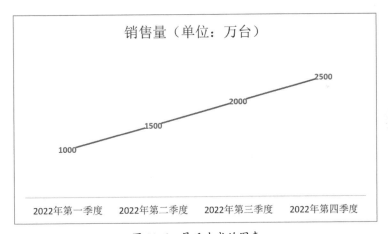

图 11-6　最后生成的图表

11.1.4　案例4：基于ChatGPT的智能音箱产品竞争对手市场份额分析

本小节我们来介绍如何利用ChatGPT生成竞争对手市场份额图表。

动手示例

> 产品经理向 ChatGPT 发送如下请求消息。
>
> 竞争对手分析图表数据如下，请帮我转换为CSV表格。

213

> 图表3：基于市场份额的竞争对手分析
> 竞争对手A：35% 市场份额
> 竞争对手B：28% 市场份额
> SmartSound：15% 市场份额
> 其他竞争对手：22% 市场份额

ChatGPT 的回答如下。

以下是竞争对手分析图表的CSV表格数据：

竞争对手,市场份额（%）
竞争对手A,35
竞争对手B,28
SmartSound,15
其他竞争对手,22

你可以将以上数据保存为CSV文件，并根据需要进行进一步处理或分析。

复制上述CSV数据并保存为"竞争对手分析图表数据.csv"文件，然后转换为Excel文件"竞争对手分析图表数据.xlsx"，打开该Excel文件，效果如图11-7所示。

有了Excel数据后可以参考2.5.2小节相关内容，在Excel中生成图表，如图11-8所示。由于"竞争对手分析图表"适合采用饼图展示，因此这里选择的是饼图。然后根据自己的使用偏好设置图表，最后获得的图表如图11-9所示。

图11-7 竞争对手分析图表数据.xlsx

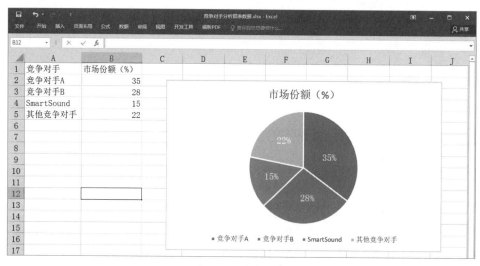

图11-8 生成图表

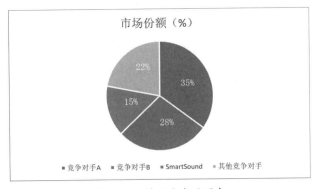

图 11-9　最后生成的图表

11.2　使用ChatGPT进行产品演进与迭代改进

在产品的生命周期中，功能演进与迭代改进是不断满足用户、适应市场、应对竞争的必由之路。企业可以通过以下方式使用ChatGPT来持续推动产品演进与迭代改进。

（1）用户数据与反馈分析：企业可以定期与ChatGPT分享产品的用户数据、反馈与问卷调研结果，让ChatGPT基于分析给出功能与体验的改进建议。这可以直接满足真实用户的需求，消除其痛点，实现产品的个性化与差异化。

例如，数据显示产品私信功能的使用率较低，差评较高。ChatGPT可以建议加强私信功能的社交互动体验，增加分享与互动内容，改进聊天界面以提高用户黏性。这有助于修正产品中的短板与不足，提高整体用户满意度。

（2）技术变化与环境分析：企业需要定期与ChatGPT分享行业最新技术发展与市场环境变化，让ChatGPT基于分析给出产品升级与改进的思路与建议。这可以推动产品不断吸收新技术、适应新环境，增强产品的前沿性与竞争力。

例如，5G技术商用与VR设备正加速普及。ChatGPT可以建议产品开始探索5G网络下的新功能，如高清视频通话、多人同屏互动等；也可以建议开发VR设备专用版产品，探索虚拟现实下的新社交体验。这可以让产品及早布局新技术与市场机遇。

（3）问题发现与修正：在产品创新与发展过程中难免会出现一些问题或差错。企业需要与ChatGPT分享产品数据与运营过程中的问题与疑点，让其基于全面分析给出修正或改进的思路与方案。这有助于企业及时发现并消除产品中的盲点，弥补不足，实现质的提升与跃迁。

例如，数据显示产品在美国市场的使用与付费转化率远低于中国市场，市场反响也较差。ChatGPT分析这个问题的原因可能在于产品对美国本地文化与用户习性理解不足，并提出加强产品在美国市场的本地化运营策略。这可以帮助企业发现并及时修复市场运营中的问题与差错。

通过持续对用户数据、技术环境进行分析与问题探讨，ChatGPT可以为产品的功能演进与迭代改进提供系统与准确的建议。这将真正实现"数据驱动、技术赋能"的产品闭环，让产品在市场中不断适应与升级。这是企业实现产品持续卓越的必由之路。

11.2.1 案例5：利用ChatGPT对交通出行App产品BusGo进行功能升级

为了让大家对ChatGPT在产品迭代与改进中的应用有更加具体与直观的认知，下面通过一个案例来展示。

案例背景

BusGo是一款拥有8000万用户的交通出行App，产品上线5年，主要业务为公交查询、线路导航与班车实时到站提醒等。但近期用户增长放缓，市场竞争加剧，BusGo希望进一步升级产品功能，改善用户体验与提高黏性。

问题与需求：产品经理与ChatGPT分享了最近两个月的用户数据与市场环境变化。数据显示新用户转化率下滑10%，用户平均停留时间略有下降。而共享单车与网约车等新出行方式发展迅速。BusGo希望ChatGPT可以基于数据与市场变化，提出产品功能升级的方向与建议及改进方案。

动手示例

> **产品经理向ChatGPT发送如下请求消息。**
>
> 我们的App用户增长近期出现放缓，市场竞争也在加大，用户体验与功能显得有些乏力。可以与您分享我们最近两个月的用户数据与市场变化情况吗？希望您能根据这些信息，给我们产品功能升级的方向与建议。

> **ChatGPT的回答如下。**
>
> 请您分享App的用户数据、市场环境变化与竞争情况。我会基于这些信息对产品功能提出改进建议。

> **产品经理向ChatGPT发送如下请求消息。**
>
> 好的，以下是我们最近两个月的用户数据：
>
> 新用户转化率：2019年10月12%，2019年11月10%（环比下滑2%）。
>
> 用户平均日常停留时长：2019年10月22分钟，2019年11月20分钟（环比下滑10%）。
>
> 场环境数据：
>
> 出行方式占比变化：公交出行50%（-5%），共享单车20%（+8%），网约车15%（+10%）。
>
> 竞品App新增功能（11月）：VR体验版App，20万新增用户（+16%）；一卡通支付，用户转化率上升5%。
>
> 我们面临激烈的市场竞争与用户需求升级，希望您能提供产品功能提升的方向与建议。

> **ChatGPT 的回答如下。**
>
> 好的，我理解您目前所面临的情况。根据您提供的数据与市场变化，我提出以下产品功能升级建议：
>
> （1）新增共享单车与网约车叫车功能，满足用户多元出行需求，提高用户黏性；
> （2）增加公交到站提醒功能与线路时间推送，方便用户出行决策，提高使用频率；
> （3）开发虚拟现实版App，利用VR设备提供公交线路模拟体验，吸引年轻用户，增强产品差异化；
> （4）加入城市一卡通与支付功能，实现"一站式"出行服务，提升用户体验；
> （5）推出定期营销活动，如签到、打卡与红包等，带动新老用户回流与互动。
>
> 预期效果：产品功能升级后，新用户转化率可提高5%~8%，用户日常留时长增加10%以上；成功开发虚拟现实版与支付功能，吸引更广泛用户；营销活动带动整体用户回流10%以上，提高市场竞争力。

11.2.2 案例6：利用ChatGPT社交App产品WeTalk改进私信功能

本小节我们再介绍一个使用ChatGPT进行产品迭代的案例。

案例背景

WeTalk是一款拥有1.2亿月活跃用户的社交App。产品运营3年，日常功能以朋友圈、直播等社交互动为主。但产品私信功能使用率一直较低，用户反馈体验较差。WeTalk的产品经理希望能进一步提高私信功能的用户黏性与好感度。

产品经理Tom想利用ChatGPT改进私信功能。

动手示例

> **Tom 向 ChatGPT 发送如下请求消息。**
>
> 我们的App产品过去1个月日活跃用户为1200万，产品的私信功能使用率仅为35%，用户反馈意见也比较差。我们希望能够进一步提高产品体验与私信功能的用户黏性，但无直接改进方案，期待你能给出分析与建议。

> **ChatGPT 的回答如下。**
>
> 是的，这显示私信功能的用户体验与交互设计无法满足大部分用户需求，需要进一步改进与提高。

> **Tom 向 ChatGPT 发送如下请求消息。**
>
> 用户反馈也显示体验差与缺乏互动,我们该如何解决这两个用户痛点?

> **ChatGPT 的回答如下。**
>
> 针对这两个痛点,我有以下建议:
> (1)体验差:优化私信页面布局,采用更简洁流畅的交互设计,提升浏览与操作体验;
> (2)缺乏互动:增加更丰富的互动内容类型,如视频、图片、表情包等;推出具社交互动属性的小游戏或活动,增强用户互动体验与黏性。

> **Tom 向 ChatGPT 发送如下请求消息。**
>
> 我们担心新增内容类型与活动会增加产品难度与成本,效果难以预知。

> **ChatGPT 的回答如下。**
>
> 您的担忧是合理的。我建议内容类型与活动的增加采取渐进式方式:
> (1)每月只新增1~2种内容类型或1个互动活动;观察用户数据与反馈后再决定是否继续新增;
> (2)新增内容类型优先选择与现有功能高度相关的,如图片、短视频等,开发难度较低;
> (3)活动设计上注重简单有趣,避免过于复杂的功能与奖励机制;
> (4)新增功能上线前进行内测,根据反馈不断优化与调整。
> 通过上述渐进式方式,可以最大限度控制产品难度与成本,同时快速收集用户反馈与数据,这有助于降低新增功能的风险,实现效果最大化。产品功能改进需要长期积累与优化,我会基于数据不断检验与提高方案的有效性。

11.3 ChatGPT辅助制定产品战略与探索未来发展

任何企业在制定产品战略与探索未来发展方向时,都需要进行系统的市场洞察与前瞻性思考。ChatGPT等AI产品可以在这个过程中提供重要支撑,利用数据与分析给出清晰的发展建议与蓝图。

具体来说,ChatGPT可以在以下3个方面为企业制定产品战略与探索未来发展提供价值支撑。

(1)市场环境分析与机遇发现:ChatGPT可以利用行业数据与研究报告,分析产品所在市场的环境与发展趋势,发现市场中潜在的机遇与增长点,为产品战略选择提供参考。这有助企业拓展新的业务领域与增长机会。

例如,ChatGPT分析社交类产品的未来发展将呈现平台化、利基化发展趋势。它可以建议产品在社交基础上向视频、电商、教育等领域拓展，打造社交的多元化生态，这可以为产品长期发展提供新的思路。

（2）用户与竞争分析：ChatGPT可以利用企业用户数据与竞品研究报告，分析目标用户群的潜在需求与竞品的优劣势。为产品定位与差异化提供决策依据，推动产品向着更优的发展方向演进。

例如，ChatGPT发现产品主要用户群体为23～35岁的白领与高知用户。它建议产品开发更强的社交工具属性，提供生产力与学习工具，以满足该用户群的工作学习需求。这可以推动产品向着更全面与强大的方向发展。

（3）新技术应用与未来探索：ChatGPT需要密切跟踪最新前沿技术与产业发展趋势。基于对新技术的理解与判断，它可以及时提醒企业潜在的机遇与风险，探索新技术赋能下产品的未来发展模式。这有助于企业对新技术与产业变革建立及早的布局与思考。

例如，ChatGPT跟踪元宇宙的发展与应用，它可以建议产品开始探索基于XR虚拟现实技术的新体验与交互模式。这可以推动产品向更富有前瞻性与想象力的方向演进，抢占技术变革带来的先机。

11.3.1 案例7：O2O生鲜电商平台利用ChatGPT进行产品发展策略制定与新业务探索

下面我们通过一个案例介绍一下如何使用ChatGPT进行产品发展策略的制定与新业务的探索。

案例背景

O2O生鲜电商平台成立于2015年，公司总部位于广州，在全国30个主要城市拥有仓储及配送中心。平台月活跃用户超过2000万，日均交易额达1.5亿元。平台上线至今，主要通过生鲜电商零售业务开拓市场，业务类型较单一。由于近期物流成本大幅上涨，平台业务利润空间受到压缩，业务增速出现放缓。平台希望能够进一步拓展新的业务类型与开发用户群体，实现平台业务的多元化发展。为此，产品经理寻求ChatGPT等AI产品的决策支持与业务探索建议。

动手示例

> **Tom向ChatGPT发送如下请求消息。**
> 我们生鲜电商平台过去3年的基本运营数据如下：
> 年活跃用户：2000万
> 日均交易订单：100万单
> 日均交易额：1.5亿元
> 仓储中心：30个
> 物流配送能力：200万箱/日
> 但今年上半年由于物流成本飙升，我们的毛利润同比下降15%。我们希望您可以基于这个数据，分析我们现有的问题与优化空间。

ChatGPT 的回答如下。

好的，让我基于您提供的数据分析当前的运营情况与改进方案：

（1）根据数据，您的平台拥有较高的用户活跃度与交易额，但利润下滑显示成本控制方面存在问题，特别是物流成本大幅上涨的影响。我建议：

- 开展场外仓业务，将部分仓储资源直接面向商家开放，转化为新的收入来源，同时降低自有物流压力与成本。
- 运用大数据与算法优化物流路径与运力配置，提高资源利用率，缩减物流成本。

（2）您目前的业务模式较单一（零售业务），容易受市场环境影响，我建议开展新的业务模式（如社区团购），拓展不同用户群与需求，实现平台业务的多元化布局。

（3）持续关注行业政策变化与用户需求变化，及时调整产品战略方向，把握市场机会。

以下两张图展示了场外仓业务的收入空间与社区团购用户群体的潜在规模：

场外仓业务收入空间（单位：亿元）
2020 5   2021 17.5
2022 26.5

社区团购用户规模（单位：万人）
2020 500 2021 958 2022 1687

从上述分析与数据我们可以看出，通过开展"场外仓"与"社区团购"等新业务模式，不仅可以有效降低成本与提高利润，还可以拓展新的用户群与收入空间，这为企业实现业务的差异化发展与多元化布局提供了新的发展方向。

11.3.2 案例8：O2O生鲜电商平台"场外仓"业务收入分析

在11.3.1小节的案例中，ChatGPT并没有给出可视化的图表，只是给出了图表中的数据，这是因为ChatGPT不能直接输出图片。本小节我们借助ChatGPT生成场外仓业务收入空间图表，具体过程如下。

动手示例

> **产品经理向ChatGPT发送如下请求消息。**
>
> 场外仓业务收入表数据如下，请帮我转换为CSV表格。
> 场外仓业务收入空间（单位：亿元）
> 2020 5   2021 17.5
> 2022 26.5

ChatGPT 的回答如下。

好的，根据您提供的场外仓业务收入空间确定数据，以下是CSV格式的表格：

业务模式,2020,2021,2022
场外仓业务收入空间(单位:亿元),5,17.5,26.5

复制上述CSV数据并保存为"场外仓业务收入数据.csv"文件,然后转换为Excel文件"场外仓业务收入数据.xlsx",打开该Excel文件,效果如图11-10所示。

有了Excel数据后可以参考2.5.2小节相关内容,在Excel中生成图表,如图11-11所示。由于"场外仓业务收入图表"适合采用柱状图展示,因此这里选择的是柱状图。然后根据自己的使用偏好设置图表,最后获得的图表如图11-12所示。

图 11-10　场外仓业务收入数据.xlsx

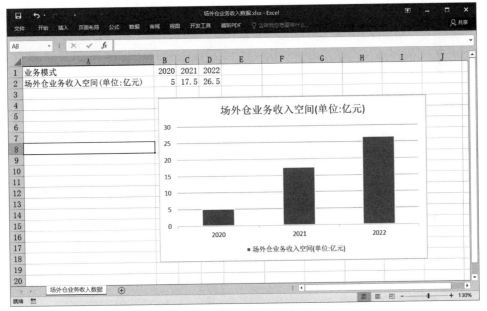

图 11-11　生成图表

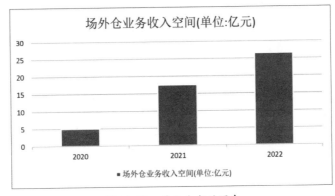

图 11-12　最后生成的图表

11.3.3 案例9：O2O生鲜电商平台"社区团购"规模分析

本小节我们来介绍如何利用ChatGPT生成社区团购用户规模数据图表。

动手示例

> **产品经理向ChatGPT发送如下请求消息。**
>
> 社区团购用户规模数据如下，请帮我转换为CSV表格。
> 社区团购用户规模（单位：万人）
> 2020   500   2021   958
> 2022   1687

> **ChatGPT的回答如下。**
>
> 好的，根据您提供的社区团购用户规模数据，以下是CSV格式的表格：
> 业务模式,2020,2021,2022
> 社区团购用户规模(单位:万人),500,958,1687

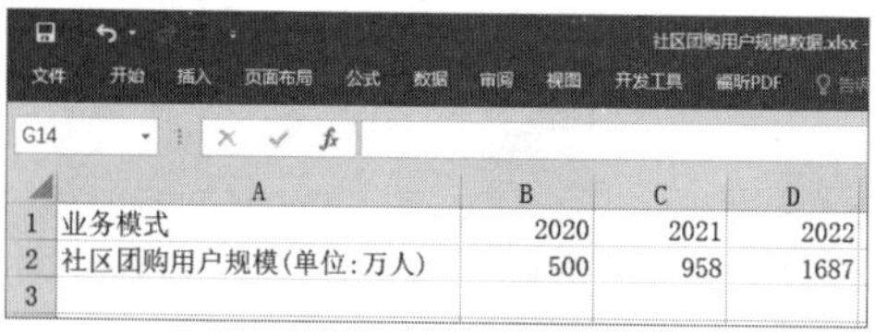

复制上述CSV数据并保存为"社区团购用户规模数据.csv"文件，然后转换为Excel文件"社区团购用户规模数据.xlsx"，打开该Excel文件，效果如图11-13所示。

图11-13 社区团购用户规模数据.xlsx

有了Excel数据后可以参考2.5.2小节相关内容，在Excel中生成图表，如图11-14所示。由于"区团购用户规模图表"适合采用柱状图展示，因此这里选择的是柱状图。然后根据自己的使用偏好设置图表，最后获得的图表如图11-15所示。

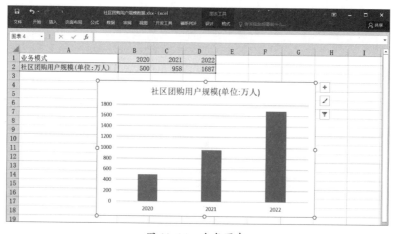

图11-14 生成图表

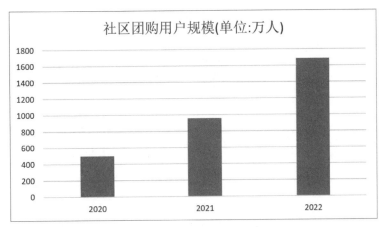

图 11-15　最后生成的图表

11.4 本章总结

本章主要介绍了ChatGPT在产品创新与演进方面的应用。首先探讨了ChatGPT在产品创新与市场适应中的作用，通过案例展示了基于ChatGPT的智能音箱产品创新与市场适应的过程。这些案例包括智能音箱产品的用户偏好分析、市场趋势分析和竞争对手市场份额分析，为产品创新和市场定位提供了数据支持。

接着介绍了使用ChatGPT进行产品演进与迭代改进的应用。通过案例展示了交通出行App产品和社交App产品如何利用ChatGPT进行功能升级，以及实现产品的演进和改进。ChatGPT的应用为产品团队提供了创新的思路和技术支持，推动产品不断向前发展。

最后讨论了ChatGPT辅助制定产品战略与探索未来发展方面的应用。通过案例展示了O2O生鲜电商平台如何利用ChatGPT进行产品发展策略制定和新业务探索，并对"场外仓"业务收入和"社区团购"规模进行分析。这些案例展示了ChatGPT在产品战略规划和未来发展方面的潜力和价值。

综上，本章介绍了ChatGPT在产品创新与演进中的应用。通过ChatGPT的辅助功能，产品团队可以利用其强大的自然语言处理能力和数据分析能力，实现产品创新、演进和战略制定。ChatGPT的应用为产品团队带来了更多的创新思路和决策支持，推动产品在竞争激烈的市场中保持领先地位并迎接未来的发展挑战。

第12章 ChatGPT 辅助产品维护与支持

ChatGPT在产品维护与支持方面的应用非常广泛。它可以用于故障诊断和解决,以及用户支持和客户服务的场景。下面将详细介绍ChatGPT在这些方面的应用。

(1)使用ChatGPT进行故障诊断和解决:ChatGPT作为一款智能辅助工具,可以帮助产品团队和技术支持人员快速识别和解决故障。当用户遇到问题时,他们可以与ChatGPT进行对话,描述问题的细节或错误信息。ChatGPT可以利用其训练过的模型和广泛的知识库,提供相关的解决方案或建议。它可以识别常见的问题,并根据用户的具体情况给出定制化的解决方案。

(2)ChatGPT辅助用户支持和客户服务:ChatGPT可以用于提供即时的用户支持和客户服务。用户可以通过与ChatGPT的对话获取问题的答案、操作指导、功能说明等。ChatGPT可以理解用户的问题并提供相应的帮助和建议。它可以解决常见问题,提供实时支持,并引导用户正确地使用产品。

ChatGPT在产品维护与支持方面的应用可以减少人工干预和等待时间,提高服务效率和用户满意度。然而,需要注意的是,ChatGPT在处理复杂或特殊情况时可能存在局限性。在这些情况下,可能需要人工干预或专业技术支持来解决问题。

结合ChatGPT的智能辅助和人工专业支持,可以提供更全面、高效的产品维护与支持体验。企业可以利用ChatGPT为用户提供即时的帮助和支持,并持续优化和改进ChatGPT的模型和训练数据,以提高其准确性和适应性。

12.1 ChatGPT在产品维护和支持中的应用

ChatGPT在产品维护和支持中的应用主要体现在以下方面。

(1)故障诊断和修复。如上文所述,ChatGPT可以帮助用户快速诊断产品故障,并提供修复方案。这可以极大减轻技术支持工程师的负载,改善用户体验。

(2)产品配置和设置。ChatGPT可以根据用户的需求,提供产品各项功能和参数的配置建议和设置流程,指导用户实现不同的配置和设置。

(3)使用方法指导。ChatGPT可以根据产品的使用说明和帮助文档,为用户提供功能使用方法、操作步骤等指导,解答用户在使用产品时遇到的疑问。

(4)软件更新提示。ChatGPT可以根据产品的软件更新公告,主动提示用户更新最新版本的软件或修复补丁,并提供更新方法和说明。

(5)常见问题解答。ChatGPT可以管理产品的常见问题和解答知识库,并根据用户提出的问题,提供对应的解答和解释。

(6)用户反馈处理。ChatGPT可以作为产品支持的一线收集和处理用户反馈意见的渠道,将用户反馈分类并汇总,提供给技术团队进行后续处理。

(7)提供在线帮助。ChatGPT生成的所有对话内容和知识点,都可以汇总整理,形成产品的在线帮助文档和知识库，方便更多用户查询和学习。

所以，ChatGPT的应用可以覆盖产品的全生命周期，用于改善用户体验，增强产品的可维护性，并且通过对话形式的人机交互，使这些支持更加个性化，也更易于理解。

12.2 使用ChatGPT进行故障诊断和解决

使用ChatGPT进行故障诊断和解决的一般流程如下。

（1）用户描述产品出现的故障现象和症状。ChatGPT可根据用户的描述识别可能的故障原因。

（2）ChatGPT提出一系列针对可能故障原因的诊断问题，以收集更多信息和细节，缩小故障范围。用户回答这些诊断问题。

（3）根据用户提供的更详细信息，ChatGPT提出最可能的一个或几个故障诊断，并解释诊断理由和依据。

（4）对于每个可能的故障诊断，ChatGPT提供对应的解决方案或修复步骤。这些建议都以文字和图片的形式呈现，方便用户理解和操作。

（5）用户根据ChatGPT的修复步骤尝试解决故障。如果仍未解决，用户可以提供更新的反馈信息，ChatGPT会根据新信息提出新的诊断和修复建议。

（6）解决故障后，ChatGPT会要求用户确认故障已经排除，以确保问题得到彻底解决。ChatGPT还会根据整个诊断和修复过程，提供相关的知识总结，方便用户今后遇到类似问题时有所参考。

（7）ChatGPT的整个诊断和修复进程都以问答的形式进行，并在每个阶段提供解释和理由，以帮助用户理解问题和解决方案，使整个故障处理过程更加透明和易于理解。

12.2.1 案例1：123在线教育产品卡顿与登录失败的问题分析

下面通过一个具体案例介绍一下如何使用ChatGPT辅助进行产品维护。

案例背景

123在线教育产品出现卡顿与登录失败的问题，产品运营经理Tom想通过ChatGPT分析产品卡顿与登录失败的原因。

动手示例

> 🗨 **Tom向ChatGPT发送如下请求消息。**
>
> 最近用户反馈说我们的软件经常卡顿，我们检查了服务器日志，发现有几处问题，不知您

能不能帮我们分析一下。我们可以分享过去 1 周的运行日志与报错数据，请您检查并提出修复建议。

ChatGPT 的回答如下。

好的，请将日志与数据分享给我，我会进行分析并提供初步的修复建议。但实际修复方案还需要工程师进一步判断与执行。

Tom 向 ChatGPT 发送如下请求消息。

这里是过去 1 周的服务器日志数据：

CPU 使用率记录：

日期	时间	使用率
3/1	08:00-09:00	72%
3/1	09:00-10:00	83%
3/1	10:00-11:00	88%
3/1	11:00-12:00	95%
3/1	12:00-13:00	92%
3/1	13:00-14:00	87%
3/1	14:00-15:00	91%
3/1	15:00-16:00	83%

磁盘 I/O 响应时间记录：

日期	时间	平均响应时间（ms）
3/1	08:00-09:00	12.3
3/1	09:00-10:00	15.8
3/1	10:00-11:00	19.2
3/1	11:00-12:00	17.6
3/1	12:00-13:00	21.4
3/1	13:00-14:00	18.9
3/1	14:00-15:00	16.2
3/1	15:00-16:00	13.7

内存占用记录：

日期	内存占用（%）
3/1	42%
3/2	46%

日期		占用率
3/3		51%
3/4		49%
3/5		54%
3/6		57%
3/7		60%

用户反馈报错记录：

日期	用户ID	报错详情
3/1	U001	软件运行变慢，操作延迟明显
3/2	U023	功能点XXX点击后无响应
3/3	U122	软件卡死，操作不流畅，重启恢复
3/4	U211	功能点YYY报错，详情ABC
3/5	U308	软件崩溃，操作失败报错

ChatGPT的回答如下。

OK，根据您提供的数据，我发现几个潜在问题：

1. CPU使用率过高，特别是在晚高峰期间，这很有可能导致产品响应变慢，影响用户体验。建议优化查询算法或增加机器配置来解决高峰时CPU容量不足的问题。

2. 磁盘I/O响应延迟较严重，可能造成用户报错中提到的软件卡顿现象。建议检查磁盘状态及I/O性能，进行修复或参数优化。

3. 一个系统进程的内存占用增加40%，已接近该机器的50%内存上限，存在内存泄露的风险。建议检查该进程代码，解决潜在的内存泄露问题。

以上几点是我从日志与数据分析发现的主要问题，相应的修复建议仅供参考。实际诊断与修复方案的制定还需要工程师结合产品实际情况进行判断。

12.2.2 案例2：使用ChatGPT绘制登录失败的问题分析鱼骨图

为了更加直观地展示问题分析过程，Tom想让ChatGPT帮助绘制登录失败的问题分析鱼骨图。具体步骤如下。

动手示例

Tom向ChatGPT发送如下请求消息。

给出卡顿与登录失败的问题分析结果，返回Markdown代码，文字简练一些。

ChatGPT 的回答如下。

这里是卡顿与登录失败问题分析结果的 Markdown 代码：

```
# 卡顿与登录失败问题分析结果
## I.服务器日志与数据
#### 1.CPU使用率超85%,响应慢
修复:增强配置、算法优化
#### 2.磁盘I/O响应时间大于20ms
修复:I/O性能优化参数
#### 3.内存占用增加进程超50%
修复:检修内存泄漏代码
## II.用户反馈与报错
分析用户反馈时间点,与服务器数据对比
重点关注卡顿或登录失败反馈
提供分析依据或线索
## III.综合判断并简要修复建议
增强配置、修复I/O性能、检修内存泄漏代码
实施方案由工程师判断
## IV.持续学习与优化
分析准确度、修复建议准确性提高
需要讨论具体案例,提供反馈意见
人与AI协作实现最大效能
需要理解与协作,共同努力提高能力
```

复制上述代码并保存为"卡顿与登录失败问题分析结果.md"文件，然后参考2.6.2小节相关内容，制作鱼骨图，如图 12-1 所示。具体过程不再赘述。

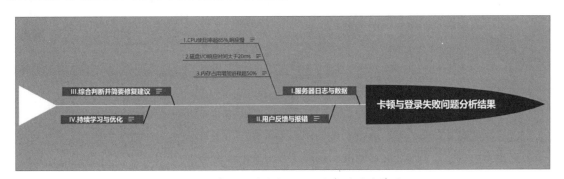

图 12-1　卡顿与登录失败问题分析结果鱼骨图

12.3　ChatGPT辅助用户支持和客户服务

ChatGPT 也可以应用于用户支持和客户服务领域，具有以下优势。

（1）个性化支持。ChatGPT可以根据每个用户的具体问题，提供个性化的解答和解释，而非FAQ那样的泛答案。这使支持更加具有针对性。

（2）24小时支持。ChatGPT可以提供全天候的支持服务。对用户来说更加方便，纾解人工客服的压力。

（3）一致的支持质量。ChatGPT生成的支持内容质量可控，可以确保每位用户都得到一致的高质量支持体验。不会出现人工客服质量参差不齐的情况。

（4）即时响应。ChatGPT可以在几秒内生成响应，提供即时响应和支持，改善用户体验。人工客服不可能做到这点。

（5）知识积累。ChatGPT对每次会话的交互内容和上下文都进行学习和记忆。其知识库不断丰富，可以在后续支持中重复利用。这有助于不断提高支持的质量。

（6）压缩支持成本。ChatGPT可以处理大量重复问题和常见疑问，减少这部分工作量对人工客服的依赖，压缩支持成本。

（7）转人工策略。当ChatGPT无法完全解决用户问题，或问题比较复杂时，可以采取转人工客服的策略。将对话上下文转交给人工客服，继续提供支持。

所以，ChatGPT的应用可以增强用户支持，改善客户体验，同时也可以降低人工客服的工作量与成本，实现更加智能和高效的用户支持体系。这将是未来客户服务的重要发展方向。

12.4 本章总结

本章主要介绍了ChatGPT在产品维护与支持方面的应用。首先探讨了ChatGPT在产品维护和支持中的作用，并通过案例展示了如何使用ChatGPT进行故障诊断和解决。这些案例包括123在线教育产品卡顿和登录失败的问题分析，以及利用ChatGPT绘制登录失败问题分析的鱼骨图，为产品维护团队提供了故障排查的指导和解决方案。

接着介绍了ChatGPT在辅助用户支持和客户服务方面的应用。ChatGPT的智能对话功能，可以提供实时的用户支持和常见问题解答，提高客户服务的效率和质量。这为用户提供了更好的使用体验，并减轻了客户支持团队的工作压力。

综上，本章介绍了ChatGPT在产品维护与支持中的应用。通过ChatGPT的辅助功能，产品维护团队可以快速诊断和解决问题，提供高效的用户支持和客户服务。ChatGPT的应用能够提升产品的稳定性和用户满意度，为产品的长期维护和持续改进提供有力支持。